登山者のための法律入門

山の法的トラブルを回避する

溝手康史

ヤマケイ新書

目次

2 登山の規制のあり方 48

3 山のルールやマナーと法律 71

4 昨今の規制問題 100

II　山岳事故の責任

III 登山リスクとどのように付き合うか

写真　著者
装丁　尾崎行欧デザイン事務所
本文レイアウト　渡邉　怜

はじめに

本書は、登山中に生じるさまざまな法的なトラブルと、それに巻き込まれない方法について書いています。登山に関する法的な問題として、だれもが最初に思い浮かべるのは、山岳事故の責任問題です。登山中に事故が起きれば、損害賠償責任や刑事責任が生じることがありますが、どのような場合に法的責任が生じるのかを知っておけば、それを回避することが可能になります。また、事故が起きなければ、事故の責任問題は生じません。事故を回避することは、登山者にとって、常に最大の関心事です。本書では、どのようにして法的紛争を回避するかという点と同時に、どのようにして山岳事故を防ぐかという点についても書いています。

登山に関する法的なトラブルは、事故が起きた場合だけではありません。日本の国土と自然は狭く、山は登山者だけが利用するわけではなく、さまざまな利害が関係します。山は、旅行、観光、さまざまなアウトドア活動、林業、研究などの対象でもあります。登山者と旅行者、観光客が対立する場面がありますが、登山は旅行や観光の延長上にあり、登山者と旅行者、観光客の区別が難しいのが現実です。登山者とトレイルランナー、マウンテンバイクの利用者、渓流釣りをする人などが対立する場面もあります。

登山に関して、山の不法侵入、ゴミの放置、し尿、騒音、植物の採取、登山道の渋滞、登山道の管理、登山道の通行禁止、入山規制、クライミングの禁止、入山料、キャンプの場所の規制、山小屋の混雑、避難小屋の場所取り、山のオーバーユース、登山届の義務化、山岳ヘリの有料化などのさまざまな問題が起きており、登山にかかわる問題は、年々、増えています。

これらの問題を解決するために法律が必要になりますが、従来、法律的なルールがあいまいでした。登山中に山にあるマツタケを無断で採っていけないことは、だれでも知っていますが、ツクシ、フキノトウ、ヨモギ、野イチゴ、天然ワサビ、ナメコなどを採ってもよいのでしょうか。北アルプスなどの高山ではキャンプ地が指定されていますが、低山では整備されたキャンプ地以外の場所でテント泊をしてもよいのでしょうか。国民栄誉賞を受賞した植村直己は、若い頃、野宿をしながら日本を縦断しましたが、無断で野宿をすることは違法なのでしょうか。沢登りや渓流釣りで、川原でのキャンプが自由にできるのでしょうか。沢登り、渓流釣り、クライミング、山菜採り、写真撮影などのために、登山道以外の場所に立ち入ることができるのでしょうか。

事故やトラブルさえなければ、法律は必要ないのですが、登山者の数が増え、登山形態が多様になれば、さまざまな紛争が増えます。人間はさまざまな利害や感情に翻弄され、紛争が起きます。従来はものごとをあいまいに処理することで問題が顕在化することを回避していましたが、最近はそうはいかなくなっています。

人間同士の紛争を解決するためのルールとして法律があります。先進国ではさまざまな紛争を法律に基づいて解決することが当たり前ですが、日本では従来、どちらかといえば、法律とは無関係に紛争をあいまいに処理（ないし、放置）する傾向がありました。紛争のあいまいな処理は、紛争をより深刻化させます。

オリンピック種目になるスポーツクライミングは人工壁で行なわれますが、クライミングは自然の岩でも行なわれています。クライミングを含む登山のグローバル化が進行しており、多くの外国人が日本の山を登り、多くの日本人が外国で登山をしています。登山は旅行、観光の延長上の行動であり、旅行、観光のグローバル化は登山のグローバル化をもたらします。

日本のスキー場で、外国人スキーヤーのコース外滑降が問題になっていますが、外国のスキー場では、山の斜面をどこでも自由に滑降できるスキー場が多いことが影響していると思われます。韓国の登山道は遊歩道化されており、この点は、韓国人登山者が日本で事故を起こしていることと無関係ではないと思います。アメリカでは、土地に「侵入禁止」の表示があるかどうかで不法侵入に当たるかどうかが区別されますが、日本ではこの点があいまいです。今後、グローバル化の波は登山にも押し寄せるので、法的なルールのあいまいさは、多くの紛争やトラブルをもたらします。

山岳事故やそれ以外の法的な問題に関して、法律の内容が明確であり、登山者がそれを知っていることが、事故と紛争を防止するうえで必要です。

本書は、登山をめぐるさまざまな法律の現状を明らかにし、紛争やトラブルを防止し、登山者が賢明に行動することをめざしています。

序章

山岳事故が起きれば法律が適用される

二〇一七年三月に栃木県の那須で高校生の春山登山講習中に、雪崩のために八人が死亡し、四〇人が負傷する事故が起きました。この講習会では三月二七日に茶臼岳（一九一五メートル）への往復登山を予定していましたが、その日、雪が降っていたため、登山を中止し、スキー場付近でのラッセル訓練に変更しました。

この事故の原因や安全管理のあり方、再発防止などについて、さまざまな検討がなされていますが、法律的にも多くの問題が生じています。引率していたのは高校の山岳部の顧問の教師ですが、クラブ活動の指導は教師としての本来の仕事ではありません。学校の教師がクラブ活動の指導を行なうことは義務ではありませんが、それに従事すれば職務になります。教師のクラブ活動の指導は「ボランティア的な仕事」というあいまいさがありますが、教師に職務上の注意義務が生じます。この事故に関して、教師の注意義務違反があったかどうかが問題となり、教師に注意義務違反があれば、学校（自治体）に損害賠償責任が生じます。法律の規定により、公立学校では、原則として教師は損害賠償責任を負わず、教師を雇用する自治体が損害賠償責任を負うことになっています。また、刑事責任としては、教師の業務上過失致死傷罪が問題になります。

事故やトラブルさえ起きなければ、登山をするうえで法律は必要ありません。登山者全体の中で事故を起こす人は少数ですが、事故が起きれば、法律に基づいて処理されることになります。その点は、交通事故と同じです。

栃木県では、一九六四年以降、毎年三月下旬に春山安全登山講習会が開催されてきましたが、それまで参加者が負傷する事故が起きたことはなく、事故が起きることをまったく想定していなかったようです。過去に事故が起きていなければ、「今回も事故が起きないだろう」と考える人が多いのですが、事故の確率はゼロではありません。確率的には、「今まで事故が起きていないので、今回も事故が起きないだろう」ではなく、「今まで事故が起きていないので、そろそろ事故が起きるかもしれない」と考える必要があります。このような考え方が事故に対する慢心を戒め、結果的に事故の防止に役立ちます。「安全である」という安心は、慢心と油断につながりやすいのです。

残雪期の山。これまで発生していない場所でも事故は起こりうる

二〇一四年に御嶽山（三〇六七メートル）が噴火して六三人の死者・行方不明者が出る事故が起きましたが、登山者の中で御嶽山が噴火するかもしれないと考えていた人は、ほとんどいなかったでしょう。火山の噴火は、自然災害であって、法律は関係ないと考える人が多いのですが、この事故についても裁判になっています。もし、御嶽山の噴火時に学校登山やツアー登山が実施されていれば、学校やツアー会社の安全管理責任が問題になったはずです。

交通事故が起きると、事故に法律が適用されることは当たり前ですが、山岳事故については、かつては「登山に法律を持ち込むべきではない」と言う人が少なくありませんでした。しかし、登山者の数が増えるとともに山岳事故の数が増え、事故に関する法的な紛争も増えており、紛争を法律によって解決する必要があります。山岳事故に関して裁判の対象になるケースは少ないのですが、裁判の数は以前よりも増えています。警察庁の資料によれば、二〇一六年中の山岳遭難件数は二四九五件、遭難者数は二九二九人、死者・行方不明者数は三一九人です。山岳事故の裁判は一年間に一、二件程度しかありませんが、裁判に至らない山岳事故の紛争はたくさんあります。

一般に、マスコミが大きく取り上げる事故や裁判は、いずれもま

噴火以前の5月の御嶽山山頂。噴火前の噴火警戒レベルは1だった

れにしか起きない種類の事故や裁判であり、頻繁に起きる事故や事件はニュース性がないので、マスコミは取り上げません。たとえば、軽微な交通事故や万引事件などは、件数は多いのですが、よほど特異な事件でない限りマスコミは取り上げません。国民は、マスコミが大きく取り上げる重大事故や裁判は、同種のものが何件かあれば「またか」と思い、その種の事故や裁判が「多い」と感じます。しかし、現実にはそれらは件数が少ないのです。

山岳事故の裁判についても、マスコミが大きく取り上げれば、「山岳事故の裁判が多い」というイメージをもたらしますが、現実には山岳事故の裁判はまれです。登山者にとって、マスコミ報道されない事故や裁判にならない法的紛争のほうが、よほど遭遇する可能性が高いのです。たとえば、道迷い遭難が多いのですが、これをマスコミが取り上げることはほとんどなく、過去に道迷い遭難で裁判になったケースは一件もありません。

かつて登山は、山岳会などで行なう登山と、学校活動としての登山が中心でした。山岳会などでの登山では、昔から事故は多いのですが、事故が起きても法的な紛争になることはほとんどありませんでした。

日本では戦前から学校活動としての登山がさかんであり、学校活動としての登山中の事故が繰返し起きています。一九一三年に、中央アルプスでの高等小学校の集団登山中に暴風に遭い、参加者三七人中一一人が死亡した遭難は有名です。これは、新田次郎の小説『聖職の碑《いしぶみ》』のモデルになっています。もし今、一九一三年の遭難のような大事故が起きれば、学校に損害賠償責任が生じますが、戦前は学校行事で事故が起きても、国や自治体に損害賠償責任が生じない制度でした。そのため、戦前は山岳事故の損害賠償責任が問題になることはありませんでした。戦後、憲法が変わり、国や自治体に損害賠償責任が生じる制度になったので、学校行事で事故が起きると法的責任が問題になるようになりました。戦後の山岳事故に関する裁判の多くが、学校が関係する事故に関するものです。

その後、ツアー登山、ガイド登山などの商業的な登山やボランティア活動としての登山が増え、これらに関する事故と法的紛争が増えています。

一九九九年九月に北海道の羊蹄山（一八九八メートル）で、ツアーガイド一人、客一四人のパーティが悪天候のために遭難し、二人が亡くなる事故が起きました。これについて、引率したツアーガイドの刑事責任が問われ、裁判で有罪判決を受けました。また、ツアーを主催した旅行会社が損害賠償責任を負いました。

二〇〇六年一〇月には、白馬岳（二九三二メートル）でのガイド登山中に悪天候のために四人の客が亡くなり、裁判でガイドの民事責任と刑事責任が認められました。

二〇〇九年七月に、北海道のトムラウシ山（二一四一メートル）で、ツアーガイド三人、客一五人のパーティが悪天候のために遭難し、八人が亡くなる事故が起きました。これについても、引率したツアーガイドやツアー会社の民事責任や刑事責任が問題になりました。

このようにツアー登山中の重大事故が繰り返し起きており、ガイドやツアー会社の責任が問題にされています。

事故は、いつでも、予想外の場合に起きます。事故が起きることを予想している場合にはだれでも注意をするので、通常は事故は起きません。事故が起きないように万全の措置をとっていても、それでも運が悪ければ事故が起きることがあります。その場合でも、事故後に検証すれば、関係者の判断や行動のどこかにミスを見つけることは容易であり、そのミスをもとに法的責任を認定することが可能です。

事故の関係者は、被害者だけでなく、加害者もいます。過失事故では、だれでも、常に被害者と加害者になる可能性があります。弁護士としての経験からいえば、事故の加害者になった人の多くが、自分が事故の加害者になることをまったく想定しておらず、事故の加害者になった運の悪さを嘆きます。

「ハインリッヒの法則」は、一件の重大な事故の背後に二九件の小さな事故があり、三〇〇件の異常な出来事があると述べています。これは産業分野での事故の統計を分析して事故の確率の計算をし、法則化したものです。登山中に、「ヒヤリ、ハット」した経験はだれでもあるのですが、そのようなことを繰り返していると、いつかは事故が起きます。ささいなケガ程度の事故を何度も起こしている人は、いつかは重大な事故を起こす可能性があります。「山でヒヤリとした経験は何度もあるが、今まで大丈夫だったので、次も大丈夫だろう」ではなく、「山でヒヤリとした経験は何度もあるが、今まで大丈夫だったので、確率からいえば、次は重大な事故が起きるかもしれない」と考える必要があります。

自動車を運転して人身事故を起こせば、必ず損害賠償責任や刑事責任が問題になるように、山岳事故が起きれば、損害賠償責任や刑事責任が問題になります。損害賠償責任や刑事責任について何も知らずに自動車を運転することは無謀なことですが、損害賠償責任や刑事責任をまったく知らずに登山をすることも無謀なことです。

登山が法律で規制される場面が増えている

登山に法律が必要になるのは、事故の責任問題の場面だけではありません。今の社会は、法律に基づいて運営され、人々は法律に基づくルールの中で暮らしています。もし、このような法的なルールがなければ、だれもが自分の利益と感情に基づいて、暴力と権威が支配する弱肉強食の社会になるでしょう。

登山も、このような法律のルールに基づいて行なわれています。発展途上国では、法律のルールがないか、たとえそれがあっても無視されやすいのですが、先進国では、法律のルールに基づいて人々が行動します。法的なルールを自律的に守ることができない人が多ければ、刑罰による強制が必要になります。

日本中の山は必ず土地所有者がおり、登山は他人の土地を登る行為です。どんなに辺鄙な山奥の崖や谷でも、必ず土地所有者がいます。仮に、日本に人跡未踏の土地があったとしても、土地所有者がいます。

かつては経済活動の対象にならない辺鄙な場所は、土地所有者の関心が低かったのですが、山岳地帯の開発が進み、自然が経済的活動の対象になると、土地所有者の関心が山岳地帯に向きます。また、登山者の数が増えると、キノコや山菜、植物の採取をめぐり、山の所有者と登山者が対立する場面が生じます。従来、山にあるキノコや山菜、草花、岩石を無断で採取してもそれほど問題にならなかったのですが、それを行なう登山者が増えれば、目立ちます。山にあるキノコ、山菜、草花、岩石などは、土地所有者のものであって、登山者が土地所有者に無断でこれらを採取すれば、窃盗罪になります。これらが窃盗罪になることは、明治時代に刑法が制定されて以降同じですが、従前は、それが目立たなかっただけのことです。

この点は、私有地にある山だけでなく、公有地にある山でも当てはまります。私有地は個人、企業、神社などが所有する土地であり、公有地は、国、県、市町村などが所有する土地です。日本の国立公園のうち、約二五パーセントが私有地であり、それ以外は国有地などの公有地です。国立公園以外の山では、私有地の割合はもっと高くなります。低山や山麓の多くは私有地です。自然公園（国立公園、国定公園など）では植物の採取が制限されていますが、自然公園法の制限とは別に、土地所有権による制限があります。

山の所有者である国、自治体、企業、個人などが、キノコや山菜、草花、岩石の採取を黙認すれば採取ができます。時々、ハイキングクラブなどが、山菜採り登山やキノコ狩り登山を実施していますが、本来、私有地、公有地にある山でキノコや山菜を採るには、土地所有者の許可が必要です。多くの場合、土地所有者が黙認していることを前提に、これらを採取しています。

アウトドア活動のさかんなヨーロッパでは、この問題が早くから意識され、多くの国で法律により自然の中での果実の採取などの行動が認められています。たとえばドイツでは、森林法で公有地、私有地を問わず山の中で一定の範囲の果実を採取することが認められています。北欧でも、自然の中でのさまざまな行動が法的に保障されています。しかし、日本ではそのような法律がないので、扱いがあいまいです。道端のツクシやヨモギ、フキノトウ、野イチゴなどを採ることは、土地所有者が黙認することが多いと思いますが、野生のシイタケ、ナメコなどの採取は土地所有者が禁止する意思を持っている場合があります。

登山道についても、かつては登山者が登山道を歩くことができることは「当たり前」のことであり、ほとんど問題が生じなかったのですが、最近は登山道の通行が制限されるケースが増えています。通行を制限する理由は、事故の防止、環境保護、植物の無断採取などです。登山者が少なければこれらはほとんど問題にならないのですが、登山者が増えれば、これらの問題が顕在化しやすいのです。

登山道の通行が制限されると、登山道はだれが管理しているのか、法的に登山道の通行を制限することが可能なのかなどの法律問題が生じます。後述するように、日本ではもともと管理者のあいまいな登山道が多く、管理者のあいまいな登山道の通行を禁止しようとすると、通行禁止が法的に有効なのかどうかという問題が生じます。そのため、法的な効力と無関係に登山者の通行を阻止し、あるいは行政指導により通行を制限しようとし、これが新たな紛争を招きます。

行政指導は、行政が行なう指導であって法的拘束力がありません。しかし、日本では法律と行政指導の違いを知らない人が多く、「行政指導に従わなければ不利益を受けるのではないか」という不安から、従う人が多いのです。行政指導については、それに従う人と従わない人で不公平が生じやすいという問題があります。

二〇一三年のゴールデンウィーク中に北アルプスで大量の降雪があり、涸沢に向かう横尾大橋に「雪崩の危険の為、入山できません」という看板が掲示され、登山道がロープで封鎖されたことがあります。それを無視して通過しようとする登山者との間でトラブルが生じました。山が封鎖されたわけではなく、一部の登山道だけが封鎖されたため、別の場所から入山可能でした。

この時には、雪崩の危険があったので、入山しないほうが賢明ですが、問題はその手続きにあります。前記の登山道の掲示は、だれがどのような手続きで決定したのか、決定過程が不明朗です。登山道や山岳の管理者が権限に基づいて山岳への立ち入り禁止措置をとれば法的に有効です。しかし、それをするのであれば、毎年、同じシステムで通行禁止にするかどうかを決定し、決定過程を明確にし、後で検証できるようにする必要があります。また、禁止措置を迅速にインターネットなどで公表するシステムが必要です。日本ではそのような制度になっていません。その結果、入山を禁止したり、禁止しなかったり、運用が恣意的になります。また、法的効力のない方法で入山を阻止することは、トラブルを招くことになります。

欧米の先進国では、このような方法は、どこの国もとりません。もともと欧米では、登山道が通行禁止になることはまれですが、仮に通行禁止や入山禁止にする場合には、管理権を有する者が法律の定める手続きに基づいて決定をし、決定過程と責任の所在を明確にします。そのようにしておけば、後で決定過程を検証できます。日本では、後で決定過程を検証されると困るので、意図的に決定過程を残さない傾向があります。

クライミングについても、山麓の岩場でのクライミングが土地所有者によって禁止、制限されるケースが多発しています。埼玉県の金比羅岩では、二〇年近くクライミングが行なわれてきましたが、無断で岩場に支点が設置されたこと、岩が信仰の対象となっていること、利用者の駐車方法などの理由から、二〇一一年以降岩場が使用できなくなりました。愛知県の鳳来の岩場でも、二〇〇〇年頃から、クライミングの対象だった岩場の一部が立ち入り禁止になりました。

スポーツクライミングがオリンピック種目になり、人工壁でクライミングをする人が増えていますが、クライミング人口が増えれば、人工壁以外の自然の岩場でクライミングをする人が増えます。山麓や海岸などにある岩場は、穂高や劔岳などにある岩場と違ってアプローチが便利で気軽にクライミングをしやすいのですが、岩場周辺の住民とのトラブルが生じる可能性があります。岩場での騒音、事故、混雑、ゴミ、し尿などの問題をめぐって土地所有者と対立して、岩場の使用が禁止されるケースが続出しています。また、自然公園にある岩場では、自然公園法上のさまざまな制限があります。

二〇一二年に和歌山県の那智滝を登ったクライマーが現行犯逮捕され、マスコミで大きく報道されました。逮捕の理由は、無断で神社所有の敷地に入ったという軽犯罪法違反です。軽犯罪法違反は軽微な罪であり、犯人が逃走するおそれがある場合等でなければ現行犯逮捕できないのですが、この場合はあいまいな理由に基づいて現行犯逮捕されました。

以前からクライミングが行なわれていた岩場で、ある日、突然、文化財保護法違反が問題になることがあります。天然記念物である岩の現状を変更する場合には許可が必要であり、岩に支点を打てば現状変更に当たり、罰則の対象になります。古くからクライミングが行なわれている岩が、天然記念物に指定される場合もあれば、岩が天然記念物に指定された後に、それを知らずにクライミングをするケースの両方があるようですが、いずれの場合でも、岩の現状を変更すれば、文化財保護法違反になります。従来、文化財保護法違反が問題にされることは少なかったのですが、世論の非難が強ければ、天然記念物でのクライミングについて刑罰の適用がありえます。

最近、富士山などで登山料（協力金）を徴収し、岐阜県や長野県などで登山届の提出の義務化がなされました。埼玉県では、山岳地帯での登山について、遭難者を救助する県の防災ヘリの出動を有料化しました。また最近、火山を登る登山者に対し、噴火等の情報を集め、避難のための手段を講じることが法律で義務づけられました。富士山では、ガイドラインで夏期以外の登山が原則として禁止されています。中国地方の大山では縦走が禁止されています。

これらのうち、富士山の登山料や富士山での夏期以外の登山禁止は、行政指導であり、法的拘束力がありません。行政指導は、行政の「○○してはどうですか」という指導、アドバイスであり、それを受け入れるかどうかは登山者の自由です。しかし、そのことを知らなければ、「富士山では登山料を払わなければ登山ができない」と勘違いをする人がいるでしょう。また、「冬の富士山は、法律で登ることが禁止されている」と勘違いする人がいるかもしれません。

このような勘違いをしないためには、法律とは何か、行政指導とは何かを知っておくことが必要です。この点は、登山に限らず、街中での生活でも当てはまります。行政指導を義務だと勘違いしてそれに従い、その後で行政指導に従わない人が得をした話を聞いて「損をした」と不満を言う人が少なくありません。富士山の協力金は、その趣旨を理解した登山者が自発的に支払うのであればよい制度ですが、半強制的に協力金を徴収するのであれば、間違った制度になります。

以上のように、登山に関する法律的な問題を指摘すると、「そんなことを書くから、法的なトラブルが増えるのだ」と言う人がいます。しかし、事実は逆です。登山に関する法的な規制やトラブルが増えたので、法律を知っておく必要があるのです。

従来、法的にあいまいに行なわれてきたことについて、法律的な問題点を指摘することは、「寝た子を起こす」ようなもので、「今までどおりにあいまいに行なうことができなくなるではないか」という意見もあります。しかし、現実に、かつてのように法的にあいまいなまま登山をすることができない状況が日本全国で生じています。

日本の企業も、かつては、法律を無視したあいまいな運用が当たり前でしたが、近年、それがもたらす問題がいたるところで噴出しています。コンプライアンス（法令遵守）の無視は、大企業を倒産に追い込むことがあります。企業活動がグローバル化すれば、日本独自の従来のあいまいな方法が国際的に通用しないのは当たり前です。先進国ではコンプライアンスが重視されるので、日本の企業がそれを軽視することは、国際的な場面で多くの紛争をもたらします。

日本の行政や政治も、従来、コンプライアンスを軽視し、法律を骨抜きにする傾向がありました。近年、情報の隠蔽、決定過程の不明朗さ、恣意的な行政指導の問題性などが噴出しています。

法的なあいまいさは、管理する側にとって恣意的に運用できるので便利ですが、利用者（登山の場合には登山者）にとっては不便、不公平、不利益をもたらします。山岳の利用者（登山者）が法律に無関心であることは、管理する側に都合がよく、利用者に大きな不利益が生じることを知る必要があります。

また、登山に限らず、日本では多くの団体、個人が事故が起きた場合のリスクマネジメントに欠け、事故が起きた時に大混乱する傾向があります。特に登山では、事故が起きる可能性があるので、事故に備えてあらかじめ法律的に対処しておくことが必要です。

登山に関して法的トラブルに巻き込まれる人は、登山者全体の中で少数ですが、だれもが法的トラブルに巻き込まれる可能性があります。いつの時代でも、事件や事故の被害者は「社会的少数者」ですが、だれもがそのような被害者になる可能性があります。自分が今、事件や事故の被害者でなくても、被害者になるリスクはすべての人が等しく持っています。事件や事故は、けっして他人事ではないのです。

同時に、被害者の数に相応する数の加害者がいるので、自分が加害者になる可能性も常にあります。事件や事故の加害者も「社会的少数者」であり、加害者になると世論から激しい非難を受けます。時々、「自分は絶対に加害者になるようなことはしない」と言う人がいますが、そのような自信はかなり危険です。なぜなら、だれでもミスを犯す可能性があるからです。弁護士の仕事上、交通事故などでは、「まさか自分が事故の加害者になるとは思わなかった」と言う人からの相談を受けることは日常的にあります。その度に「だれでも、事故の被害者になる可能性と事故の加害者になる可能性が、平等に与えられているのだ」ということを感じます。

自分が法的トラブルに巻き込まれることはないと考えて安心、慢心するのではなく、法律を理解し、法的トラブルを回避する知恵を持つほうがよほど賢明です。

I 登山の規制

1 登山の自由とその制限
2 登山の規制のあり方
3 山のルールやマナーと法律
4 昨今の規制問題

1 登山の自由とその制限

登山と山岳事故のイメージ

多くの人が、登山という言葉を当たり前のように使っていますが、登山という言葉は、使う人によってさまざまな意味で使われています。登山はハイキング、山歩き、縦走、沢登り、岩登り、雪山登山、ヒマラヤなどでの登山を含みます。ハイキングと岩登りでは、内容がまったく異なりますが、それを同じ登山という言葉で表現すれば、混乱が生じます。

山岳事故のイメージもさまざまです。テレビのサスペンスドラマに登場する山岳事故は、登山道から岩場や崖に転落する場面や、登山道での落石の場面が多いのですが、「登山は危険である」という場合の登山は、雪山登山や高山でのクライミング（登攀）をイメージする人が多いと思います。しかし、登山者の圧倒的多数は、山歩きや縦走登山をする人であり、山岳事故でもっとも多いのは、道迷い遭難です。警察庁の統計によれば、二〇一六年中の山岳遭難者数は二九二九人であり、そのうち三八パーセントが道迷いによる遭難です。この中には、低山での道迷い遭難が多く含まれています。落石事故者の割合は、多くの人の山岳事故のイメージと違って、わずか〇・五パーセントです。雪崩遭難者の割合もわずか〇・三パーセントです。山岳事故のイメージとして、ハイキング中の道迷い遭難を思い浮かべる人は多くはないでしょう。登山の制限、規制、事故防止、登山のあり方などを考える場合には、漠然とした登山や事故のイメージをもとにすることはできません。

登山を分類すれば山歩きと登攀に区別できます。これは、登山に手を使うかどうかの区別であり、手を使う登山では危険性が高くなります。

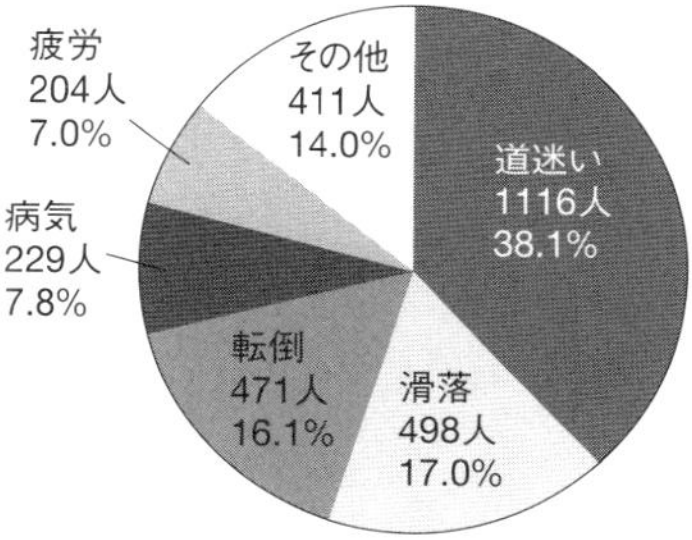

2016年中の態様別山岳遭難者数の割合
（警察庁の統計による）

山岳事故はイメージと違って、低山での道迷いが多い

山歩き……ハイキング、縦走、雪山での山歩き／登攀……岩登り、沢登り、雪山での登攀

このように分類した場合、「道迷い遭難」は、道を歩く登山の場合だと考えられ、山歩き中の遭難が多いと思われます。転倒事故は、遭難者中、一六パーセントを占めますが、これも山歩き中の事故がほとんどだと思われます。

山歩きには「それほど危険ではない」というイメージがありますが、道迷い、転倒、転落、滑落、悪天候などによる遭難の危険性があります。また、剱岳の別山尾根や槍ヶ岳の穂先、槍・穂高縦走路などは、本来は、登攀の対象なのですが、それをハシゴや鎖で整備してだれでも登ることができるようにしてあります。鎖やハシゴでは手を使いますが、だれでも登ることができるので、「縦走路」として表示されています。これは山歩きに入りますが、鎖から手を離せば転落するなど、山歩きの本来の危険性とは異なるリスクを含んでいます。

多くの遭難者が「まさか、自分が遭難するとは思わなかった」と言いますが、山歩きの「それほど危険ではない」というイメージは、遭難のイメージに結びつきにくいのだと思います。冬山登山や高山の登攀をする人は、常に「いつ遭難してもおかしくない」と考える人が多いのですが、山歩きでは遭難のリスクが自覚されにくい傾向があります。自分が行なう登山にどのようなイメージを持つかという点が、遭難の防止に大きく影響します。

登山の意味があいまいであれば、さまざまなトラブルをもたらします。旅行会社がツアーの参加

者を募集する場合に、広告に「ハイキングの参加者募集」と記載すれば、参加者は楽で安全な山歩きのイメージを持つでしょう。しかし、妙義山の山麓のハイキングコースには鎖場があります（写真A）。ここは観光名所になっており、子ども連れのハイカーが訪れ、事故も起きています。しばしば「登山歴○○年」「登山のベテラン」という表現がマスコミに登場しますが、登山の内容を無視した経験年数の記載は無意味です。

また、歩道に「遊歩道」「ハイキング道」「登山道」のいずれを表示するかで、危険性のイメージがかなり違いますが、歩道にどのように表示するかは、各地でバラバラです。

東京の高尾山は、登山者数が年間二五〇万人で世界でもっとも登山者数の多い山といわれていますが、高尾山を登ることは観光やハイキングであって、登山ではないと考える人が少なくないでしょう。しかし、高尾山には何本もの登山道があり、今までに多くの事故が起きています。

写真Ａ　ハイキングコースの鎖

尾瀬の木道を歩く人に「登山では、地図、ヘッドランプ、雨具、水筒、非常食などを持参すべきである」と言っても、観光の延長のつもりで尾瀬を歩く人には、他人事かもしれません。しかし、尾瀬でも道迷い、疲労、落木などによる事故が起きています。

二〇一四年に御嶽山が噴火して六三人の死者・行方不明者が出る事故が起きましたが、この時に五の池小屋に避難した二十数人の登山者の中で、ヘッドランプを持っていた人は一、二人しかいませんでした。そのため、救援に駆けつけた警察官が、登山者を夜間に下山させることができなかったことが報告されています。たまたま夜間に大噴火がなかったので、避難した人たちは、翌日、無事下山できましたが、夜間の再噴火などを考えれば一刻も早く危険地帯から脱出するためにヘッドランプが必要でした。この登山者たちのほとんどが、雨具も持っていなかったことを警察官が報告しています。翌日の下山時に雨が降らなかったことは、運がよかったのです。

最近、条例に基づいて登山届の提出の義務化、防災ヘリコプターの使用の有料化、登山情報の収集の義務化、富士山協力金の徴収などがなされていますが、対象となる「登山」の意味が問題になります。上高地、高尾山、尾瀬、立山を歩く人の中に、登山者、観光客、旅行者がいます。岐阜県の新穂高温泉付近では、「登山者」は登山届の提出が義務づけられますが、そこには観光客や旅行者もいます。イメージ的には、登山者と観光客・旅行者の区別ができますが、法的には難

遊歩道化した登山道であっても事故が起こることがある

しいのです。写真Aは、四国の剣山（一九五五メートル）の山頂ですが、リフトを使えば簡単に登ることができ、山頂に多くの観光客がいます。阿蘇山（一五九二メートル）でも、噴火口付近にいる人のほとんどが観光客です。登山者と観光客、旅行者を厳密に区別するのは無理であり、前記の条例では、観光客や旅行者も登山届の提出が義務づけられることになります。

条例で登山届の提出を義務づけるのは、登山が危険であり、遭難が多いことに基づくので、観光客に登山届を提出させることは、過剰な規制です。過剰な規制をしてはならないというのが、憲法の考え方です。

登山を法令で規制するためには、「登山とは何か」が明確でなければならないのですが、それをあいまいにしたまま規制することが多いのです。

だれでも自由に山に登ることができるのか

山は、昔から登られており、だれでも山に自由に登ることができるのは、当たり前だと考える人がいるかもしれません。しかし、それは必ずしも当たり前のことではありません。山は、私有地、公有地を問

写真Ａ　観光客で賑わう剣山山頂

わず、他人が所有する土地であり、だれでも他人の土地を自由に使ってよいはずがありません。他人の家に勝手に入ってはならないことは常識です。私有地、公有地を問わず他人の土地に無断で入れば、不法侵入になります。登山は他人所有の私有地や公有地を利用する行為であり、それが昔から行なわれてきたのです。

今の憲法は、だれでも生まれながらにして自由であることを保障しており、登山もそのような自由の一部として保障されています。そのため、たとえ他人所有の山であっても、簡単には登山を禁止できません。「自由」という言葉には、わがままに行動するイメージがありますが、憲法でいう自由は、国民の行動が国や行政に妨げられることがないことを意味します。登山に関していえば、憲法の保障があるおかげで、登山を簡単に制限、禁止できないのです。たとえば、憲法がなければ、「登山は生産に役立たないので、明日から登山を禁止する」という法律を作ることも可能です。「山に登るヒマがあれば、勉強や仕事をしろ」と言うわけです。現在は、そんなバカなことをする政治家はいませんが、戦争になれば、どうなるかわかりません。第二次世界大戦中の日本では、事実上、登山をすることができませんでした。今でも「冬山登山を禁止しろ」という意見があり、富士山では、ガイドラインで原則として冬山登山が禁止されています（ただし、禁止には法的な効力がありません）。そのような登山の制限に歯止めをかけるのが、憲法です。憲法上、国民の自由の制限は、必要最小限でなければならず、制限するには合理的な理由が必要です。

一般に、自由は、それが保障されている時には意識されることがなく、制限されて初めてそのありがたみがわかります。その点で、自由は空気に似ています。地上に空気があることは当たり前であり、普段はだれもそれを意識しません。空気がなくなって初めてそのありがたさがわかります。ヒマラヤの高山を登れば、酸素のありがたさが嫌というほどわかります。また、呼吸器官の病気になれば、空気を肺に取り込むことの大切さを感じるでしょう。それと同様に自由も、失われて初めてその大切さがわかります。今の日本では、江戸時代や戦前の日本と違って、国民の自由が一応保障されているので、空気と同じく、自由であることがそれほど意識されません。だれもが「当たり前」と感じることの中に、深い意味や重要なことが含まれていることが多いのです。

このような憲法が保障する自由といえども、他人に損害を与える場合やさまざまな弊害をもたらす場合には制限されます。登山の自由もさまざまな理由から制限されます。

その一つに、登山中に他人の生命、身体、財産に損害を与えてはならないという点があります。登山中にほかの登山者に不注意にぶつかって転倒させれば、損害賠償責任が生じることがありますが、これはほかの登山者の身体の安全を守るために、登山者に「ほかの登山者に不注意にぶつかってケガをさせてはいけない」という注意義務を課すことで、自由を制限するのです。

学校での登山やツアー登山などでは、引率する教師やツアーガイドに、生徒やツアー客の安全を確保する注意義務が課され、これに違反して事故が起きれば損害賠償責任が生じます。引率者に刑事責任が生じる場合もあります。これらの注意義務は、国家が教師やツアーガイドに課すものであって、その限度で、登山の自由が制限されます。国家が国民（ここでは、教師やツアーガイド）に課す義務であり、それを守らせるために、違反すれば国家（ここでは裁判所）が、裁判を通して違反者に損害賠償や刑罰を課します。

それ以外にも、事故の防止、環境保護、文化財の保護、災害防止などの理由から、登山に対するさまざまな法律上の制限があります。これらの制限は憲法上の自由の制限であり、必要最小限の制限でなければなりません。もし「必要最小限」という範囲を超えて、いくらでも制限できることになれば登山を簡単に禁止することができます。

登山は、環境保護の観点からさまざまな規制を受けています。自然公園の特別保護地区では、原則として一切の動植物の捕獲、採取が禁止されています。自然公園の特別地域でも、指定された動植物の捕獲、採取が禁止されています。これらに違反すれば罰則があります。特別保護地区や特別地域は、国立公園や国定公園などの自然公園の中の地域区分であり、北アルプスなどの登山の対象となる場所の多くが、特別保護地区や特別地域です。

北アルプスなどの整備されたキャンプ指定地のある山域では、キャンプ指定地以外の場所でのテント泊が禁止されます。自然公園の特別保護地区、特別地域では、「工作物の設置」に国や県の許可が必要であり、これに違反すれば罰則があります。自然公園の中にある岩場に支点を打つ行為は、

「工作物の設置」であり、本来、国や県の許可が必要です。古くからクライミングが行なわれてきた岩場では、支点を打つ行為が黙認されていますが、比較的新しく開拓された岩場では、この点が問題視されています。

天然記念物に指定されている岩に支点を打つことは、天然記念物の現状変更に当たるので、文化庁の許可が必要です。

噴火するおそれのある火山や自然災害の発生するおそれのある山では、法律に基づいて、一定の範囲で山への立ち入りが禁止されます。浅間山、焼山、御嶽山の入山規制などがその例です。

剱岳や谷川岳の一定の危険エリアでは、条例により、登山届の提出が義務づけられています。岐阜県や長野県などでも、条例により一定の範囲で登山届の提出が義務づけられています。これらも登山の自由の制限に含まれます。

富士山では登山協力金を徴収していますが、これは法的拘束力がなく、協力金を支払う義務がないので、登山の制限ではありません。しかし、協力金の支払いが「事実上の強制」という実態が生じれば、登山に対する制限になります。

さらに、登山の自由の制限として、土地所有権による制限があります。これについては次の項で述べます。

山はだれのものか

登山者は、通常、自分が登る山がだれの所有地かを考えることはないと思います。「山がだれのものでも、登ることができればそれでよい」「山は皆のものだ」と言う人もいるでしょう。登山が制限されることがなければそれでよいのですが、最近は山の所有者がだれかという点が問題になるケースが増えてきました。登山道が通行禁止になり、突然、岩壁でクライミングができなくなるケースがありますが、これらは土地の所有権が関係しています。私有地に無断で立ち入ったために、軽犯罪法違反で現行犯逮捕された登山者もいます。

従来、山の所有者は登山を黙認することが多かったのですが、最近は必ずしもそうではありません。かつては、山はそこに生えている木に価値があるだけで、山そのものは価値の対象とは考えられず、土地所有者の関心の対象外でした。しかし、山が観光の対象として注目されるようになると、山が経済的利益をもたらす資源として考えられるようになります。また、登山者の数が増えれば、山が一定の利益をもたらす場合があります。一般に、土地所有権は土地が経済的利益をもたらす場合に権利として意識され、経済的利益をもたらさない土地の所有権は意識されにくい傾向があります。山が経済的利益をもたらすようになると、土地所有者が登山を黙認しない場合が生じます。この点は、私有地だけでなく、公有地でも同様です。

山の所有権は、登山との関係で重要な役割を果たします。登山道の整備や入山規制、環境保護のあり方などの議論では、必ず土地所有権が関係します。

山は、国、自治体、企業、神社、財産区、個人などが所有しています。国立公園は国有地にあると勘違いする人が多いのですが、国立公園は「国有公園」ではなく、多くの私有地が含まれています。日本の国立公園のうち、約二五パーセントが私有地であり、それ以外は国有地、県有地などの公有地です。南アルプスや尾瀬は企業所有の私有地が多く、富士山には神社所有の私有地が多くあります。県立公園も同様です。国立公園、県立公園以外の山では、私有地の割合はもっと高くなります。低山の多くは私有地にあります。山麓のほとんどは私有地だと思われます。

日本中のすべての山に土地所有者がいます。時々、所有者不明の土地がありますが、土地所有者の氏名が不明なだけであって、土地所有者がいないわけではありません。海や川は、所有権ではなく、管理権の対象になり、国や自治体が管理権を持っています。沢や滝は、国や自治体に管理権があり、沢登りの時に利用する川原も同様です。

法律のタテマエからいえば山に登るには土地の所有者の同意が必要であり、この点は私有地、公有地を問いません。しかし、現実にはほとんどの登山者が土地所有者の了解を得ることなく、登山をしています。ほとんどの場合に山の所有者が登山を黙認しているとみなされ、問題が生じません。

しかし、土地所有者が登山を禁止することがあります。私有地にある山では、ロープを張って立ち入り禁止にしてある場所があり、これに違反して進入すれば、軽犯罪法違反になります。軽犯罪法は、「入ることを禁じた場所又は他人の田畑に正当な理由がなくて入った者」は、拘留または科料を科すとしています。拘留は三〇日未満の刑事施設での拘置、科料は一万円未満の制裁金です。私有地にある山で、キノコや草花の採取、無断伐採、騒音、ゴミの投棄などを理由に登山が禁止される場合があります。禁止にまったく合理的な理由がなければ、権利の濫用として禁止が無効になることがありますが、キノコや草花の採取、無断伐採、騒音、ゴミの投棄などが登山禁止の理由であれば、権利の濫用とはいえません。

国や県、市町村などが所有する公有地は「皆のもの」であり、だれでも自由に利用できそうなイメージがありますが、現実には公有地の自由利用が法的に認められているわけではありません。公有地についても、多くの場合、国や県、市町村などが登山を黙認しているので、登山ができるのです。国や自治体が公有地への立ち入りを禁止すれば、公有地での登山はできません。国有林の多くは、「無断で立ち入ってはならない」という看板が立てられており、国有林内を通ることはできません。多くの場合、登山道部分は国有林に含まれないという解釈に基づいて、国有林内の登山道は歩くことが可能です。北海道ではほとんどの山が国有地にあり、かつては「北海道で登山をするには営林署の許可が必要である」と言われていました。

欧米では、かなり前からアウトドア活動と土地所有権の関係が意識されてきました。アウトドア活動のさかんなヨーロッパでは、国民が自由に自然を利用できることを法律で認めている国が多く、北欧では公有地、私有地を問わずだれでも自由に歩き、キャンプができる権利が保障されています（万民利用権と呼ばれています）。ドイツでは法律でだれでも自由に森林をレクリエーションのために利用でき、一定の範囲で果実を採取できることが保障されています。スイスでは公有地、私有地を問わず、すべての森林、放牧地の自由利用権が認められ、オーストリアでも大部分の公有地、私有地で、自由利用が認められています（ただし、耕作地では土地所有者の許可が必要）。イギリスではフットパスとして認められたトレイルは、公有地、私有地を問わず、自由に利用できます（平松紘『イギリス　緑の庶民物語』明石書店）。

ヨーロッパでは、アウトドア活動が盛んなため、自然へのアクセスについて法律で明確にする努力がなされてきましたが、日本ではまだほとんど議論がなされていません。日本では、公有地、私有地を問わず、土地所有者が黙認をすることで登山などのアウトドア活動が可能です。

登山道はだれのものか

さらに問題をややこしくするのは、山の所有者とは別に登山道の所有者・管理者がいるという点です。

登山道の所有者は、山の所有者、もしくは山の所有者から登山道の所有権を譲渡された者になるはずです。しかし、日本の登山道の多くは、土地所有者が開設したものではなく、明治以前から存在したものや、その後に土地所有者に無断で開設されたものが多く、このような登山道については所有者・管理者があいまいです。

無断で開設された登山道であっても、山の所有者が登山道の管理をすればよいのですが、多くの場合、それをしません。その理由は、管理に費用がかかり、登山道で事故が起きた場合の管理責任を懸念するからです。そのため、公有地にある登山道であっても、国や自治体が管理権者でないことが多いのです。登山道に設置された古いハシゴ、鎖、木橋などはだれが設置したか不明のものが多く、管理者がはっきりしないのです。

しかし、このような管理者不明の登山道でも、登山者の多い山域では、実際にはだれかが整備しています。整備は近くの山小屋や地元の山岳関係者がボランティアで行なっていることが多く、自治体がその費用を支出する場合もあります。しかし、そのような整備をする人や費用を支出する自治体は、登山道の管理者ではありません。管理者があいまいなまま、事実上の整備がなされているのが実情です。このような状況は実に奇妙ですが、このような法的なあいまいさは、日本では登山以外の場面でも多いのです（詳細は省略します）。

自然公園法では、公園の管理計画に基づいて歩道を設置することができ、そのようにして設置された歩道については、管理者が明確です。穂高岳周辺でいえば、従来、上高地から横尾までの登山道は公園計画に基づいて管理されていましたが、それから先の穂高岳や槍ヶ岳に向かう登山道は、管理者があいまいで、ボランティアなどによって整備がなされています。地方では、自治体が開設した登山道は自治体が管理者ですが、そのような登山道は少なく、ほとんどの登山道が管理者不明のままボランティアで整備されて、登山者に利用されています。このような登山道は、ボランティアで整備する人がいなくなれば、数年で通行できなくなります。

登山道の管理者が不明であれば、登山道を通行禁止にしたり、登山料を徴収する場合に支障が生じます。前に述べましたが、二〇一三年のゴールデンウィーク中に北アルプスで大量の降雪があり、涸沢に向かう横尾大橋から先の登山道に「入山できません」という看板が掲示されました。しかし、登山道の管理者が不明であれば、通行禁止にするのは無理です。

欧米では登山道の管理者が明確であり、登山道の整備、管理に多額の税金が使われています。ドイツでは山麓の登山道は自治体が管理し、山岳地帯は国が費用を負担して山岳団体が登山道を管理しています。アメリカでは国立公園内に膨大な距離のトレイル

登山道に沿って張られた立ち入り禁止のロープ

（登山道）がありますが、国が費用を負担して、多くの国立公園整備員を雇用して、トレイルの維持管理を行なっています。

日本ではほとんどの登山道の管理者があいまいなので、事実上、利用できますが、登山者の少ない登山道や低山にある登山道では、整備されたり、されなかったりします。整備内容の統一性に欠け、たとえば整備されて歩きやすいハイキング道に、突然切れ落ちた危険箇所が出現したりします。

登山者の多い登山道は整備されていることが多いのですが、そのほとんどは、管理者があいまいなままボランティアで整備されています。そのため、たとえ整備に欠陥があっても、整備について責任を負う者がいません。ただし、国や自治体が設置した堅固な橋や柵等については、管理者が明確であり、これに欠陥があれば、国や自治体に管理責任が生じる場合があります（橋や柵について、国や自治体の管理責任を認めた裁判例があります）。

登山道の古い鎖やハシゴも、だれが設置したか不明で、管理者不明のものがほとんどです。日本では昔から「登山道に鎖やハシゴがあっても信用するな」と言われていましたが、それは古びた鎖やハシゴに関してです。最近設置された新品のハシゴや鎖については信用してよいはずですが、登山道の管理者が設置したものではないので、メンテナンスについて責任を負う者がいません。管理責任者がいなければ、年月の経過により鎖やハシゴを固定する岩が崩落する可能性が生じます。スイスのマッターホルンのノーマルルートでは、ルートの管理者が、毎年、固定ロープを取り換えていますが、日本ではそのようなシステムになっていません。ボランティアによる整備の場合には、整備後のメンテナンスが義務づけられていません。

林道の一部が登山道として使用されている場合がありますが、一般に林道は管理者が明確であり、管理者が通行禁止にすることがあります。通行禁止は、通常は車両の通行禁止であって、登山者の通行まで禁止する趣旨ではないことが多いと思われます。「登山者の通行を禁止する」場合は、合理的な理由がなければ権利の濫用になる場合があります。林道が崩壊して通行できない場合や落石が多い場合には、人の通行を禁止する合理的な理由があります。その場合でも、理屈上は林道以外の場所を歩けば登山が可能です。どんなに危険であっても、登山を禁止することは難しいのです。

登山道以外の場所を自由に登ることができるのか

登山者の数でいえば、登山道を歩く人が圧倒的に多いのですが、登山道以外の場所を登る人もいます。藪漕ぎ登山、冬山登山、山スキー、沢登り、山菜採り、キノコ狩り、渓流釣りなどでは、登山道以外の場所を歩き、岩登りでは、岩場までのアプローチは通常、登山道ではありません。野生動物の撮影者や研究者も登山道以外の場所を歩くことがあります。時々、「登山道以外の場所を歩いてはいけない」と言う人がいますが、これは登山道周辺では登山道以外の場所を歩くべきではないという意味です。登山道から外れて歩くと、登山道付近の自然環境を破壊するので、登山道以外の場所を歩くべきではないのです。尾瀬などでは、木道以外の場所を歩くべきではありません。

しかし、登山道を歩く登山以外の藪漕ぎ登山、岩登り、沢登り、冬山登山、山スキー、山菜採り、キノコ狩り、渓流釣りなどで、登山道以外の場所を歩くことを禁止すれば、これらの登山を禁止することになります。

一般的にいえば、登山道以外の場所を歩くことは、土地所有者が禁止しない限り可能です。自然公園では環境保護のためにさまざまな規制がありますが、歩くルートの制限はありません。

山の所有者が登山を黙認している山では、藪漕ぎ登山、岩登り、沢登り、冬山登山、山スキー、山菜採り、キノコ狩り、渓流釣りなども黙認されています。これらの登山では、土地所有者が禁止を明示しない限り、登山者は登山道以外の場所を登ることができます。国有林では「国有林内への立ち入り禁止」の表示があり、マツタケなどが生える里山では「立ち入り禁止」の表示がなされることがあり、そのような山では、登山道以外の場所に立ち入ることができません。それを除けば、藪漕ぎ登山、岩登り、沢登り、冬山登山、山スキー、山菜採り、キノコ狩り、渓流釣りなどで、登

沢登り、岩登りのアプローチ、藪漕ぎ登山などでは登山道以外の場所を歩く

山道以外の場所を歩くことができます。そのような登山者は数が少ないので、環境への影響が小さいのです。

しかし、ハイキングや縦走登山をする人の数は多いので、これらの登山者が登山道以外の場所を歩けば、登山道付近の植物が踏み荒らされ、登山道付近の山肌が削られるなど、環境への影響が大きいのです。槍ヶ岳や穂高岳では、縦走登山者が登山道以外の場所を歩けば、落石を起こしやすく、ほかの登山者への危険が生じます。したがって、ハイキングや縦走登山では登山道以外の場所を歩くべきではありません。これは法的な制限ではなく、登山倫理上の問題です。

藪漕ぎ登山、岩登り、沢登り、冬山登山、山スキー、山菜採り、キノコ狩り、渓流釣りなどで登山道以外の場所を歩くことができることは、どこでもテント泊ができることを意味します。なぜなら、これらの形態の登山ではルート上にキャンプ場や山小屋がないので、日帰りの場合を除き、テント泊の禁止は登山禁止と生命の危険を意味するからです。

雪山には登山道はなく、登山者がルートを決める

2 登山の規制のあり方

登山届の提出の義務化が意味するもの

岐阜県や長野県では、県の条例により登山届の提出が義務づけられています。これは、登山に対する規制であり、登山者の行動に対する制限です。

二〇一四年に制定された岐阜県の条例（岐阜県北アルプス地区及び活火山地区における山岳遭難の防止に関する条例）は、北アルプスの一定区域内の登山者に対し、登山届の提出を義務づけ、違反した者に制裁金を科しています。二〇一七年三月に、登山届を提出せずに西穂高岳に登って遭難した登山者に対し、初めて過料五万円が科されました。

二〇一五年に制定された長野県の条例（長野県登山安全条例）も、登山者に登山届を提出することを義務づけていますが、岐阜県条例と違って、過料の規定はありません。長野県の条例では、登山届の提出の対象者は、指定登山道の通行者であり、観光客も含まれます。

白山では、二〇一七年七月から登山届の提出が条例により義務づけられ、過料の規定もあります。

これらの条例以前にも、群馬県や富山県では、危険なエリアに立ち入る登山者に対し、登山届の提出を義務づけていました（群馬県谷川岳遭難防止条例、富山県登山届出条例）。

登山届を提出すべきかどうかについて、多くの人が「登山届を出したほうがよい」と考えると思います。このことから、登山届の提出を義務づける条例に賛成する登山者が少なくないようです。しかし、ここでの問題は、登山届を提出すべきだとしても、それを特定の役所に提出することを条例で強制すべきかどうかという点です。岐阜県や石川県の条例では、登山届を山岳会、大学、家族に出しても駄目で、県や県警などの指定されたところに提出しなければ制裁金を科します。

登山届を出しておけば、万一、下山しない場合に、迅速に捜索することが可能になるので、登山届を出しておくべきですが、本来、それは登山者が自発的に行なうべきものです。それを法律や条例で強制しても、山岳事故の防止につながりません。山岳事故の防止を、強制によって実現するのは無理です。強制されなければ登山届を出さない人は、規制エリア以外の山に登る場合には登山届を出さないでしょう。また、そのような人は、山以外の川や海に行く場合には、だれにも行き先を言わずに出かける可能性があります。自発的に登山届を出す人は、条例の規制エリア外の登山であっても、家族や山岳会などに登山内容を連絡しておくでしょう。

また、登山届を出すにしても、どこに出すかという点が重要です。前記の条例では、登山届を県などに提出することを義務づけています。しかし、提出先が県や県警だった場合、下山したかどうかの確認が行なわれないので、たとえ遭難しても県などにはそれがわかりません。県などに「下山していない」という連絡をするのは、通常は、山岳会、大学、家族などであり、山岳会、大学、家族に登山届を出すか、登山内容を連絡しておき、下山の連絡がない場合には関係機関に通報することを依頼しておく必要があります。

たとえば、東京に住んでいる人が岐阜県の山に登る場合に、岐阜県に登山届を提出していても、家族に「山に登る」としか伝えていなければ、遭難した場合に家族がすぐに岐阜県に連絡をすることはありません。岐阜県では、家族などから連絡がなければ、登山届を提出した登山者が下山していないことがわかりません。家族は関東地方や東北地方、山梨県、長野県などの山を探すことが多く、家族が岐阜県に連絡をするまでかなりの時間がかかるでしょう。家族が登山者から「岐阜県の山に登る」ことを聞いているか、登山内容を詳しく聞いていれば、家族がすぐに岐阜県に連絡をするでしょう。したがって、登山者は、岐阜県に登山届を提出しても、遭難後、自分から岐阜県に連絡をしない限り、捜索してもらえません。登山者にとって、山岳会、大学、家族などに登山届を出すことが重要です。

「コンパス」などのインターネットを利用した登山届では、下山しない場合に家族や知人などに連絡がいくシステムになっていますが、家族へ連絡がいくシステムは条例が強制するものではなく、あくまで自発的なものです。結局、条例による強制とは別に、家族などが遭難したことを知るように自分で手配しておくことが重要です。

さらに、条例で登山届を義務づける場合に、対象となる「登山」や「登山者」の範囲が問題になります。登山者と観光客、旅行者などの区別が困難なために、一定のエリアに入る観光客、旅行者なども登山届の提出を義務づけられることになります。登山届の提出の義務化は、山岳事故の防止がおもな目的とされていますが、登山届を提出すれば山岳事故が減るという点は検証されていません。

条例による登山届の提出の義務化は、現実には、遭難時の捜索をしやすくすることを意図していると思われます。県に登山届が出されていれば、家族などから連絡がなくても、県が遭難者の身元確認をしやすくなります。旅行者や観光客にも届け出をさせれば、遭難者の身元確認に便利ですが、そのような管理する側の便宜には際限がありません。憲法上、国民の自由の制限は必要最小限であることが必要ですが、前記の条例は、遭難する危険性の低い観光客や旅行者にも届け出をさせることになり、過剰な規制になっています。

欧米では、一般に個人の自由の規制に対する反発が強く、日本の登山届出条例のような規制はありません。他方で、欧米には、環境保護のために登山者数を制限し、登山を許可制にする国がたくさんあります。アメリカ合衆国本土の最高峰のホイットニー山（四四二一メートル）では、登山するには許可が必要であり、また自然公園のバックカントリーへの入域にも許可が必要です。これにより登山者数を制限し、環境を保護するのです。しかし、環境保護のためではなく、事故を防止するために登山届の提出を義務づける国は、先進国にはありません。日本は、環境保護のためではなく事故の防止のために登山を規制する点で、世界の中で特異です。

一般に先進国では、登山届を提出することは、登山倫理の問題とされ、倫理は強制すべきではないと考えられています。登山届を提出し、事故が起きないように行動することは、登山者の自覚と自律的な行動にゆだねるべきことです。法律で強制し、罰則を科して事故を防止する方法は、もっとも賢明でない方法であり、効果がありません。事故の防止のためには、それを可能とする科学的な考え方と登山者の自律性や意欲が重要です。

単独登山を禁止できるか

しばしば、「単独登山は危険なので、禁止すべきである」という意見を聞きます。警察庁の統計によれば、二〇一六年中の山岳遭難者の中で単独登山者の占める割合は、三三・七パーセントであり、単独登山者の遭難は数字の上でも多いことがわかります。単独登山では、アクシデントが起きた場合に一人では対処できない場合があること、事故が起きた場合に発見が遅れることが多いことなどのリスクがあります。

単独登山を法律で禁止すれば、当然、「単独登山中の事故」は減ります。しかし、旅行者、観光客と登山者の区別が難しく、さらに「単独」であることの定義も困難です。初対面の単独登山者が集まって登山届を出せば、単独登山かどうかの判別が難しくなります。単独登山者同士が一緒に歩くケースもあります。夫婦の登山者が登山の途中でケンカをして別行動をすれば、単独登山になるのでしょうか。「単独登山」はイメージとしては考えることができても、それを厳密に定義することは困難であり、法律で単独登山を禁止することが難しいのです。

また、単独登山の禁止は過剰な規制になります。たとえば、阿蘇山の火口付近（ここは登山者の通過場所であると同時に観光地でもあります）の単独登山を禁止すれば、単独の観光客も禁止することになります。単独の観光客や旅行者を禁止することは、明らかに過剰な規制です。また、単独で登る熟練者よりも、多数であっても未熟者の登山パーティのほうが危険です。登山の危険性はひとりひとり異なり、危険ではない単独登山を含めてすべて禁止することは、過剰な規制になります。「単独登山は危険である」という時、未熟者の単独登山者をイメージしていますが、未熟者かどうかを行政が判断するのは無理です。欧米でも、単独登山を一般的に禁止する国

単独登山者はアクシデントの際も一人で対処しなければならない

はありません。

ただし、登山を許可制にすれば、単独での許可申請を受理しない扱いは可能です。ヒマラヤなどでは登山するには許可が必要なので、このような運用が可能です。日本では、そのような山域はありません。

冬山登山を禁止できるか

冬山登山で事故が起きる度に「冬山登山を禁止しろ」という意見が出ますが、冬山登山についても、単独登山と同じ問題があります。冬山登山といってもさまざまであり、危険性の高い冬山登山もあれば、危険性の低い冬山登山もあります。通常「冬山登山」という言葉でイメージされるのは雪山登山です。冬でも雪の積もらない低山でのハイキングは「冬山登山」とはいわないのではないでしょうか。五月連休の北アルプスなどは「残雪期の登山」「春山登山」と呼ばれ、冬山登山に含まれませんが、登山をしない人は雪山登山＝冬山登山と考え、五月連休の北アルプスでの登山を冬山登山だと考える人がいるかもしれません。

「雪山登山をすべて禁止しろ」という意見があるかもしれませんが、低山に薄く雪が積もった山も雪山であり、これを禁止すれば、冬の低山歩きができなくなります。東京でも薄く雪が積もることがあり、雪が降れば高尾山にケーブルカーで登ることまで禁止されてしまいます。高山では六月でも残雪のある山が多く、剱岳や白馬岳などには一年中雪渓があります。夏に雪渓の上を歩くことを禁止すべきだと言う人はいないでしょう。

結局、冬山登山の禁止は、単独登山の禁止と同じく国民の自由の過剰な規制になります。欧米で冬山登山を一般的に禁止する国がないのは、このためです。

しかし、富士山では、夏山シーズン以外の時期の登山について、ガイドラインに禁止規定が設けられています。二〇一三年に「富士山における適正利用推進協議会」が策定した「富士山における安全確保のためのガイドライン」では、夏山期間（七月上旬から九月上旬）を除く期間は、万全な準備をしない登山者の登山（スキー・スノーボードによる滑走を含む）を禁止しています。このガイドラインは、文言上は規制対象を五合目から上に限定せず、夏山期間以外の期間の山麓での登山も禁止の対象に含まれています。

気象条件の厳しい冬山はリスクが大きい

このガイドラインでは、万全な準備をした登山者は禁止の対象ではなく、万全な準備をした登山とは、「充分な技術・経験・知識としっかりとした装備・計画を持った者の登山」とされています。しかし、この点をだれが、どのような手続きで、どのような基準で判断をするのか不明です。当然のことながら、登山の準備が十分かどうかは、個々の登山者によって異なります。

登山者、ハイカー、旅行者、観光客を厳密に区別するのは困難です。常識的には富士山の山麓を歩く旅行者は、ガイドラインの規制対象として問題にならないと思われますが、冬に旅行者が山麓の登山道で迷って遭難すれば、ガイドラインに基づいて「冬山登山禁止」が持ち出される可能性があります。山麓でも、雪が積もれば危険です。

このガイドラインは、規制対象があいまいで広範なため、行政がどうにでも都合よく運用できる仕組みになっています。そのため登山者に大きな萎縮効果をもたらします。登山者の中には、自分が「充分な技術・経験・知識としっかりとした装備・計画を持った者」かどうか不安を持つ人がいるでしょう。自分の能力に自信過剰な登山者はこのガイドラインを無視し、謙虚な登山者はガイドラインを気にして富士山を避けて別の山を登るかもしれません。

ただし、このガイドラインは、行政指導であって法的な拘束力がありません。法的な拘束力のない行政指導に「禁止」という文言を使用することは奇異ですが、この点を知っていればそれほど問題は生じません。しかし、その点を知らない登山者は、ガイドラインの「禁止」という強い表現に惑わされて、冬の富士山登山ができないと勘違いする可能性があります。

富士山での冬山登山は古くから行なわれており、冬の富士山で冬山の技術講習を行なう山岳会等はたくさんあります。五月の富士山では雪山初心者を含む登山者の雪山訓練が行なわれていますが、初心者は「充分な技術・経験・知識としっかりとした装備・計画を持った者」とはいえないでしょう。冬の富士山での訓練を経て、後にヒマラヤ登山などで活躍する登山家が育っていますが、だれでも最初は初心者です。富士山での冬山登山は、日本の登山文化の一部であり、富士山での冬山登山を制限することは、それを損ないます。

事故を防止することは重要なことですが、危険な登山を制限して事故を防止する方法はたいていうまくいかず、弊害のほうが大きいのです。山岳事故の防止については、別の方法を考えるべきです。

高校生は冬山登山ができないのか

二〇一七年三月に栃木県で高校生の春山登山講習中に、雪崩のために八人が死亡し、四〇人が負傷する事故が起きましたが、文部科学省は、かなり前から高校生の冬山登山を原則として禁止する通達を出していました。これは、「学校では危険なことをしてはならない」という世論に基づく国の施策です。

文科省の出す通達は法律ではないので、国民を拘束する効力はありませんが、行政機関の中では拘束力を持ちます。高校生とその保護者は、高校で冬山登山をすることを禁止されませんが、公立高校は通達に拘束されるので、公立高校では冬山登山を実施することができません。しかし、前記の講習会は春山講習会であって、冬山講習会ではないという解釈のもとに実施されていました。

登山の世界では、春山と冬山は別であり、三月の雪山は春山だという考え方が強いのですが、文科省の通達は危険性を伴う雪山登山を禁止する意味に解釈できるので、雪崩などの危険性のある登山は、春山であってもできないと考えるべきでしょう。雪崩などの危険性のない場所での講習は可能であり、たとえば冬にスキー場のゲレンデで講習を行なうことや、数センチ程度の積雪の登山を通達は禁止していないと考えられます。高校の山岳部で冬山登山を認めるべきかどうかの議論は必要ですが、文科省の通達の解釈はそれとは別の問題です。高校は通達に拘束されるので、現状では通達に基づいて運用するほかありません。

文科省が高校生の冬山登山を原則として禁止するのは、あくまで学校の活動に限られます。学校とは無関係の高校生の行動まで規律する権限は文科省にはありません。高校は通達に縛られますが、高校生は学校外で自由に冬山登山をすることができます。ただし、未成年者は親などの保護者の監護に服するので、学校以外の場での高校生の行動は保護者が監督することになります。高校生が山岳会などに入って冬山登山をするかどうかは、学校ではなく、親が監督すべき事柄です。

学校での活動については、学校や教師に生徒の安全を確保すべき注意義務が生じるので、学校の活動でリスクのあることを避ける必要があります。そのような注意義務が生じるのは、国民の「学校は安全でなければならない」という期待に基づいています。しかし、学校と無関係の活動では、その点は当てはまらず、親の監督責任の問題になります。世界中で、ヒマラヤの高峰に登ったり、ヨットで遠洋を航海する高校生がいますが、彼らは学校と無関係にこのような行動を行なっています。リスクのあることはできるだけ学校で行なわないことが、現在の法律の考え方に合致します。

岩登りや沢登りの制限

岩登り、沢登りは危険であり、これらを制限、禁止すべきだという主張がなされることがあります。「登山は危険である」と言う時、岩登り、沢登り、冬山登山がイメージされることが多いと思います。しかし、現実には、もっとも多いのが道迷い遭難であり、その多くが山歩き中の遭難だと考えられます。警察庁の資料によれば、二〇一六年中の山岳遭難の中で道迷いによる遭難が三八パーセントを占めています。日本では、登山者のほとんどが山歩きをする人です。岩登りや沢登りをする人は、登山人口の中で微々たる割合です。そのため、山歩き中の事故が多いのです。事故件数が多くなくても、岩登りや沢登りの危険性が高いことに変わりはありませんが、危険であることを理由に岩登りや沢登りを禁止できない点は、冬山登山と同じです。

岩登り、沢登りについては、他人の土地を利用することから生じる問題があります。もともと岩壁や沢は利用価値のない土地であり、土地の所有者の関心が低いため、岩登りや沢登りが黙認されてきました。しかし、観光地にある岩壁では、岩壁を登るクライマーに対し、観光客から苦情が出ることがあります。穂高岳の屛風岩は重要な観光資源ですが、屛風岩を登るクライマーの姿は観光客に見えず（なぜなら、歩道からかなり離れた場所に屛風岩があるからです）、観光客から苦情が出ることはありません。しかし、観光客からよく見える場所にある岩場では、クライマーがよく見えるので、観光客から「目障りだ」などの苦情が出ることがあります。

私有地にある岩壁では、土地所有者が岩登りを禁止すれば、岩登りはできません。最近、比較的人里に近い場所にある岩場で、事故、騒音、し尿、駐車場所、木の無断伐採などさまざまな理由から、岩登りが禁止されるケースが続出しています。土地所有者以外の者（観光協会、自治会など）が禁止しても、禁止に法的な効力はありませんが、土地所有者が禁止すれば法的な効力があります。

岩壁のある土地は、相続によって多数の者が所有していたり、遠方の都会に土地所有者が住み、岩壁に関心を持たないことが多いのですが、岩壁のある土地の地元住民と対立すると、岩登りをしにくくなるのが実情です。人里に近い場所にある岩場では、地元住民に迷惑をかけないことが、クライマーに求められます。

最近、河川の川原で大きな岩を登るボルダリングが人気がありますが、川原は、河川の種類に応じて、国、県、市町村が管理しています。川原でのボルダリングについても観光客や近隣住民から苦情が出ることがあり、河川管理者が禁止すればボルダリングはできません。しかし、川原は私有地ではなく公有地であり、河川管理者はよほど弊害がない限り、ボルダリングを禁止しません。なぜなら、河川管理者は、観光客の川原での川遊びを禁止しないことが多く、クライマーが川原で遊ぶことも禁止できないからです。

しかし、川原で事故が多発したり、ほかの観光客への迷惑行為が多ければ、河川管理者が川原でのボルダリングを禁止する可能性があります。ここでもクライマーは、川原を利用するレジャー客や観光客に迷惑をかけないことが必要になります。

一般的な山歩きに比べてリスクのある沢登り

穂高岳の屛風岩のような高山にある岩壁の多くは、自然公園の中にあります。岩壁にハーケン（ピトン）やボルトを打つことは工作物の設置に当たり、自然公園法では、特別保護地区、特別地域では工作物の設置に国や県の許可が必要です。特別保護地区、特別地域とは、国立公園や国定公園などの自然公園の中の地域区分であり、北アルプスなどで登攀の対象となる岩壁の多くは、特別保護地区や特別地域にあります。しかし、屏風岩はかなり前から登られており、そこでのクライミングは歴史的、文化的な価値があります。したがって、屏風岩でのクライミングについて、自然公園法上の「工作物の設置」を理由に禁止することはありません。穂高岳、剱岳、谷川岳などでのクライミングで工作物を設置することは黙認されています。自然公園にある登山道に設置されているハシゴ、鎖、標識なども工作物に当たりますが、同じ理由から黙認されてきました。

しかし、この考え方は、クライミングの歴史の浅い岩場には当てはまりません。近年、城ヶ崎海岸などの岩壁では、ハーケンやボルトの設置が、無許可での工作物の設置に当たるとして自然公園法違反が問題になっています。同じ理由から、自然公園の特別保護地区、特別地域では、登山道に新たにハシゴ、鎖、標識などを設置するには、国や県の許可が必要です。

前述のように、文化財保護法は、許可がなければ天然記念物の現状の改変ができないとしており、古くから岩登りの対象になっている岩でも、天然記念物に指定されると、岩壁にハーケンやボルトを打つことができません。近年、これが問題となったケースが何件もあります。

欧米では、自然を利用することを法的に保障する国が多く、クライミングをすることも法的に保障されています。アメリカのヨセミテ国立公園では、公園内でのクライミングについて、電動ドリルの使用禁止などを公園の管理規則で細かく規定しています。逆にいえば、公園の管理規則に従う限り、クライミングが法的に認められています。しかし、日本では岩登りや沢登りの法的な位置づけはあいまいであり、土地所有者や自然公園管理者が黙認することで岩登りや沢登りが事実上可能だというのが実情です。

スポーツクライミングがオリンピック種目になったことは、クライミングの公認を意味しますが、これは人工壁でのスポーツクライミングについてあてはまります。しかし、人工壁でクライミングをする人の中には、やがてゲレンデと呼ばれる自然の岩壁でクライミングをするようになったり、高山の岩場でのクライミングに向かう人が出ます。いずれ日本でも、高山での岩登りを含めて、クライミングを法的に認め、自然公園の管理規則で岩壁の利用方法を定めるべき時期が来ると思われます。

沢登りについても、岩登りと同様の問題がありますが、沢は河川の一部なので、私有地はなく、すべて公有地です。滝も河川の一部として国や自治体が管理しています。国や自治体は、問題が生じない限り、沢登りを黙認しますが、北海道のクワウンナイ川のように、森林管理署が登山の期間を制限し、登山届の提出を義務づけている場合があります。

信仰の対象となっている岩や滝は登るべきではありませんが、それは法律で禁止されているわけではなく、登山倫理の問題です。ヒマラヤなどでも、登山倫理に基づいて登山を自粛すべき場合があります。前記の二〇一二年に和歌山県の那智滝を登ったクライマーが現行犯逮捕された事件は、あくまで、私有地に無断で入ったという軽犯罪法違反事件です。

登山道の整備、安全化、通行規制

登山者の数でいえば、ほとんどが登山道を歩く登山者であり、山岳事故の多くが登山道で起きています。そのため、山岳事故が起きる度に、登山道をもっと整備して「安全」なものにすべきだという意見が出ます。二〇〇九年七月に、トムラウシ山で暴風雨のために八人が亡くなる事故が起きた時、「登山道をもっと整備すべきである」という意見が出ました。

韓国の登山道は、完璧に整備されてほとんど遊歩道化され、天候が悪い時には登山道が通行禁止になるそうです。二〇一三年七月に、韓国人の二〇人パーティが中央アルプスで遭難し、四人が死亡する事故が起きましたが、韓国国内では、「入山規制などがされなかったために登山をした結果、遭難した」というニュース報道がなされたそうです。

登山道を人工物で整備して安全化し、山岳事故の危険がある場合に登山道を通行禁止にする考え方は、ある意味では素朴な発想です。しかし、登山道を人工物で安全化し、通行規制をする方法は、事故の防止のための賢明な方法ではありません。登山道をどんなに整備しても、悪天候による遭難を防ぐことはできません。一九八九年に秋の立山で暴風雪のために八人の登山者が低体温症で亡くなる事故が起きましたが、登山道をどんなに整備したとしても、この事故を防ぐことはできなかったでしょう。二〇〇九年のトムラウシ山での暴風雨による事故も同じです。また、天候の悪い日に登山道を通行禁止にすることは、国民の自由の過剰な制限であり、韓国ではともかく、日本では実施できません。

登山道を歩く登山では、登山の内容は登山道の位置や整備の仕方に大きく左右されます。登山道を急登の直登コースにするか、緩やかなジグザクのコースにするか、岩稜を登るか、沢沿いに登るかは、登山道の設置と整備の仕方次第です。石、丸太、コンクリートなどで登山道を階段にすれば、階段を登る登山になります。中国には、最初から最後まですべて階段を登る登山道があります。岩稜のルートに大量のハシゴを設置すれば、岩稜歩きではなく、ハシゴを登降するルートに変わります。ハシゴではなく大量の鎖を設置すれば、鎖をつかんで登るルートになります。このような登山道の人工的設備の種類と量が、登山道の難易度を決定します。

石畳の登山道。整備の仕方は道によってさまざまだ

事故防止の観点だけから登山道を考えれば、韓国のように、すべての登山道を遊歩道化することになりかねません。「便利さ」という観点を重視すれば、車道を延長して、登山者が歩く時間をできるだけ短くすることになります。富士山では九合目まで車道を通せば、登山がもっと「便利」になります。

しかし、登山道は事故防止や便利さの観点だけから整備されるべきではなく、「登山はどうあるべきか」という観点からも、考える必要があります。登山は自然の中で人間の心身の能力を発揮する行動であり、自動車やロープウェイで山頂まで行くことや、ビルの階段を登降することは登山とはいいません。自然の中で人間の心身の能力を発揮する過程が登山に必要であり、登山道の自然性が必要です。富士山の登山道を山頂までコンクリートで舗装して階段にすれば、安全性は増しますが登山がつまらないものになります。また、山に登る観光客が増えて、高度障害、体調不良、転倒などによる事故が増えるでしょう。

登山者の志向と嗜好は多様であり、遊歩道でのハイキングを好む人もいれば、そうではない登山者もいます。登山者の技術、経験のレベルはさまざまです。登山道を遊歩道にすれば、その登山道では、「遊歩道を歩く登山」しかできないことになります。すべての登山道の遊歩道化は、登山の自殺行為です。

欧米では登山道の形態や種類を区分して、種類に応じた整備をしています。スイスやニュージーランドでは登山道をレベル別に区別して管理しています。アメリカでは自然公園のフロントカントリーではトレイルが安全に整備されますが、バックカントリーでは自然状態のリスクのあるトレイルとして管理されています。このように登山道の形態を区別し、多様な形態に応じた整備をするのが先進国の潮流です。事故防止のために登山道を通行禁止にすることは、登山道が崩壊した場合などを除き、欧米では通常は採用されていません。

登山道を遊歩道、初級者用、経験者用、熟練者用、自然状態のルートに区分して管理する必要がありますが、日本では従来、登山道の形態や種類を区分することが意識されず、整備が成り行きまかせになる傾向がありました。これは登山道の管理者があいまいであることが影響しています。人気のある登山道は遊歩道のように整備され、登山者の少ない登山道は放置されて荒れる傾向があります。

「日本アルプスの父」と呼ばれるウェストンが登った当時、槍ヶ岳にハシゴはありませんでしたが、現在では槍ヶ岳の山頂部はハシゴを登降するルートになっています。現在では、ウェストンが登った槍ヶ岳の登山と同じ体験をするのは無理です。同様に、現在では、『日本百名山』を書いた深田久弥が行なった登山とまったく同じ体験をすることも無理です。深田久弥が登った当時と現在では、登山道の位置や整備状況が異なるからです。

朽ちかけた木橋。登山者の少ない道は放置されやすい

登山道を遊歩道化すれば、法的な管理責任が生じます。登山道の管理責任としては、営造物《えいぞうぶつ》責任や工作物責任がありますが、これらはいずれも、歩道に欠陥がある場合

に、歩道の管理者等に損害賠償責任が生じるというものです。登山道を遊歩道として整備すれば、定期的に歩道の設備を点検、修理、維持しなければならず、歩道のメンテナンスに莫大な労力と費用がかかります。遊歩道での落木事故について、裁判所が歩道等の管理者に損害賠償責任を認めたケースがあります。遊歩道でなくても、登山道に設置された堅固なつり橋や柵の管理について、損害賠償責任が認められたケースもあります。登山道を大量の人工物で整備すれば、法的な管理責任が生じる可能性があります。

しかし、登山道を人工物で整備せず、自然状態の歩道として維持すれば、法的な管理責任が生じることがなく、メンテナンスの費用が最小限ですみます。自然の形状に基づく道は、登山者の自己責任での利用が前提になります。

遊歩道と登山道の区分がされた山もある

登山者の立場では、歩道について、安全管理された遊歩道と自己責任の範囲の広い登山道の違いを意識することが必要です。登山道の危険性の程度はさまざまであり、その危険性の程度に登山者が対応することが、事故の防止につながります。ガイドブックやウェブサイトなどに登山道の歩行時間、体力度、危険箇所などに関する情報が記載されていますが、自分の技術、経験に合った登山道かどうかの判断は、必ずしも簡単ではありません。穂高岳付近の登山道はだれでも歩けるように整備されていますが、転落事故を起こす人と起こさない人がいます。低山の登山道はだいたい初級者用の登山道ですが、ここでいう「初級者用」とは、登山技術を必要としないという意味や、歩行時間が短いという意味です。低山の登山道は初級者用であっても、道迷いしやすい登山道がありま す。低山の登山道は、手入れされなければ、数年で道迷いの危険性の高い登山道になります。

穂高岳付近の登山道、西穂高岳・奥穂高岳間の縦走路、妙義山の縦走路などでの転落事故や、低山での道迷い遭難は、登山者の経験、技術のレベルと登山道の危険性のミスマッチから生じる場合が多いのです。自分の経験、技術のレベルに合った登山道を選択すれば、登山道からの転落事故や道迷い遭難はほとんど起きません。自分の経験、技術のレベルが登山道の危険性に見合ったものかどうかの判断に自信がなければ、無理をせず、単独登山を避けることが必要です。

登山道を整備すればするほど、登山者が増えて山のオーバーユースにつながり、登山者が増えれば事故も増えます。山のオーバーユースは環境破壊をもたらすので、入山規制などが必要になりま す。富士山などがその例です。

私は、以前、カナダの北極圏にある国立公園でトレッキングをしたことがありますが、ここは自然状態を維持したバックカントリーの世界であり、トレイルに標識、山小屋、橋が一切ありません。あるのはトイレ（し尿は国がヘリで搬出しています）、避難シェルター（日本的な宿泊用の避難小屋ではなく、小さな避難用シェルターです）、非常用無線設備だけです。橋は一切ないので、何十カ所も沢を徒渉しなければなりません。そのため、入山者が少なく、時々事故はありますが、件数としては少ないのです。ここでは、トレイルが不便で危険であることが、入山者数と事故件数を抑えていました。もし、このトレイルを日本の登山道のように整備すれば、登山者が殺到し、悪天候時に道迷いや低体温症による事故が多発するでしょう。登山道を整備することは、必ずしも事故を減らすための有効な方法ではありません。

カナダ・バフィン島のトレイルにはトイレ、シェルター以外の人工施設はない

3 山のルールやマナーと法律

山でゴミを捨ててはいけないことは当たり前だが

山でゴミを捨ててはならないことは、当たり前のことです。街中でも、同じです。みだりにゴミを捨ててはいけないことはマナーですが、それを守らない人が多ければ刑罰を科すことになります。軽犯罪法や廃棄物処理法は、みだりにゴミを捨てることを禁止しています。街中でも山でもゴミを捨てる人がいますが、その数は発展途上国に比べれば格段に少ないと思います。そのため、軽犯罪法や廃棄物処理法の刑罰が科される場合は限られ、違法性の程度の大きい場合に限って罰則が適用されています。もし日本で、街中でみだりにゴミを捨てる人が多ければ、厳格に罰則を適用しなければならなくなるでしょう。ほとんどの人がみだりにゴミを捨ててはいけないというマナーを守ることができれば、法律は必要なく、罰則も不要です。しかし、違反者が多ければ、法律の適用が必要になります。

かつて、「山で紙や空き缶を捨ててはならないが、低山では果物の皮や残飯は分解されるので捨てもかまわない」とか、「果物の皮や残飯を捨てると植生が変わるので、捨てるべきではない」という議論がありましたが、果物の皮や残飯もゴミ（廃棄物）であり、廃棄物処理法によりみだりに捨てることが禁止されています。

以前、空き缶や瓶類を土中に埋めていた山小屋が問題になったことがありましたが、かつての山小屋はし尿を小屋から垂れ流しにしていました。し尿も廃棄物処理法でいう「廃棄物」であり、これをみだりに廃棄することは、法律で禁止されています。ただし、自分の敷地内に捨てる場合には、「捨てた」のではなく、保管しているだけだという言い訳をしやすいので、廃棄物処理法違反を問いにくい面があります。ゴミを他人所有の山に捨てれば違法ですが、ゴミを自宅の庭に置くだけでは投棄したとは言えません。自分が所有する山林にゴミを置く場合も同じです。いわゆる都会の「ゴミ屋敷」を廃棄物処理法違反で処罰しにくいのは、ゴミの持ち主から「これはゴミではない」「捨てたのではなく、保管しているのだ」という主張がなされるからです。ゴミかどうかは、持ち主の主観が影響しやすいのです。ただし、自分の所有地であっても、「保管」するゴミの量が膨大な場合には、「捨てていない」という弁解が通用しません。

かつての富士山の山麓はゴミの山でもありましたが、これは山に限ったことではなく、かつての日本では街中に多くのゴミが散乱していました。かつての日本では、街中で平気で空き缶やたばこの吸い殻を捨てる人が多かったのですが、現在では、街中や山でゴミを捨てる人が減り、街も山もずいぶんきれいになりました。しかし、それでもドイツやスイスなどに比べれば、日本ではゴミを捨てる人はまだ多いようです。

ドイツやスイスなどでゴミを捨てる人が少ないのは、法律で強制されるからというよりも、国民が自分たちの街や山をきれいにしようという気持ちが強いからだと思います。発展途上国でゴミを捨てる人が多いのは、人々が街や山は自分たちのものではないと考えているからかもしれません。街や山に捨てられるゴミの量は、その国の国民の文化度や自律性に反比例するようです。日本でも「ゴミを捨ててはならない」というマナーをだれもが守るようになれば、法律の適用場面が減ります。

山で植物を採るとどうなるか

登山者は、山にある草花を採ってはいけないということを知っており、ほとんどの登山者はこれを守っています。では、食用のために原野や山麓のフキノトウ、ツクシ、ヨモギ、野イチゴ、キノコなどを採ることは禁止されるのでしょうか。多くの人が道端や堰堤のフキノトウやツクシを採っており、付近の野山で採取した山野草を料理に出す料理店もあります。これらの山野草のある土地は、通常は他人の所有地ですが、土地所有者の許可なしに山野草を採っても、多くの場合、所有者が黙認をしているとみなされます。

自然公園の特別保護地区では、原則として一切の動植物の捕獲、採取が禁止されています。自然公園の特別地域でも、指定された動植物の捕獲、採取が禁止されます。これに違反すれば、罰則があります（自然公園法）。北アルプスなどで登山の対象となる場所の多くは、特別保護地区や特別地域です。

自然公園の特別保護地区や特別地域以外の山ではこのような制限はありませんが、土地所有権による制限があります。自分の土地を自由に支配できるのが所有権であり、土地所有者が禁止すれば、植物の採取ができません。原野や山麓のフキノトウ、ツクシ、ヨモギ、タンポポなどは、土地所有者の意思を無視して自由に採取できません。多くの場合、土地所有者がこれらの採取を黙認しているとみなされていますが、本当に土地所有者が黙認しているかどうかあいまいな場合や、単に土地所有者が知らないだけの場合もあります。そのため、山野草の採取は常にトラブルになる可能性を秘めた行為といえます。

アウトドア活動のさかんなヨーロッパでは、この点のトラブルを防止するために、多くの国で国民が自然を利用できる範囲を法律で規定しています。北欧ではだれでもカントリーサイドをレクリエーションのために自由に利用でき、一定の範囲で植物の採取ができることを法的に保障していま す。ドイツでは私有林や公有林の中で国民がハイキング等のレクリエーション活動ができ、「土地の慣行の範囲」「手に持てる量を超えない範囲」で野生の果実や植物の採取ができることを森林法で認めています。スイス、オランダ、アイスランドなどでも、一定の範囲で植物の採取ができることが法的に認められています。

日本にはこのような法律がないので、原野や山麓のフキノトウ、ツクシ、ヨモギなどの採取は、土地所有者の黙認が前提です。多くの場合、土地所有者はこれらを禁止していないので、それを黙認とみなして、これらを採取する人が多いのです。しかし、厳密にいえば土地所有者が知らないために「禁止しない」場合には、後で土地所有者が山野草の採取を知ってクレームを言えば、採取は違法です。明治時代には、公有林に立ち入る者は森林窃盗の疑いで検挙されることが多かったようですが、現在では、公有地では自然公園を除き、役所が山野草の採取にクレームをつけることはまれです。しかし、法的には、公有地だから自由に植物を採取できるという保障はありません。

マツタケやシイタケについては、土地所有者の明示の禁止がなくても、採取を禁止するのが山の所有者の通常の意思だと考えられます。これら以外のキノコについては土地所有者の意思が不明のことが多いと思います。時々、ハイキングクラブなどで「キノコ狩り登山」など

自然公園の植物（大雪山）

を行なうことがありますが、私有地にある山では注意が必要です。現実には、その山が公有地にあるのか私有地にあるのかを正確に判別することは簡単ではありません。公有地にある山でも、私有林との境界が目で見てすぐにわかるわけではないからです。

山野草やキノコの採取が違法となる場合には、民事責任と刑事責任が生じます。民事責任は、植物の財産的損害に対する損害賠償責任であり、マツタケなどの高価なキノコでない限り、植物採取の財産的損害は微々たる金額になります。通常は、価値のない山野草を採ったからといって、損害賠償請求をする人はほとんどいません。

刑事責任については、他人所有の土地で無断で植物を採取すれば窃盗罪になり、木を無断で切れば器物損壊罪になります。被害金額が小さい場合には、軽微な事件として立件されないか、被害弁償をすれば不起訴になることが多いのですが（不起訴とは刑事事件を裁判に付さない扱いをします）、パラグライダーをするために山頂付近の木を無断で伐採して器物損壊罪で起訴され、有罪判決を受けたケースがあります。

以上のように、自然公園の特別保護地区や特別地域を除き、山の野草、キノコなどの植物の採取は、土地所有者が黙認すれば可能ですが、土地所有者が禁止すればできません。登山者は、土地所有者の意思を推測して行動することになります。

山の中で自由にテント泊ができるのか

整備されたキャンプ場でキャンプができるのは当たり前ですが、キャンプ場以外の場所で自由にキャンプができるのでしょうか。

「キャンプ場以外の場所でキャンプをすべきではない」と言う人がいます。もし、法律家に「他人の土地でキャンプをすることができますか」という質問をすれば、多くの法律家は「公有地、私有地を問わず、土地所有者（管理者）の許可を得なければ、キャンプはできない」と返答するでしょう。それが法律のタテマエです。

しかし、早朝に川や海で釣りをする人は、川原や海岸でキャンプをすることがあります。それらのほとんどは、土地所有者の許可を得ていません。登山者も、キャンプ指定地のない山では、公有地、私有地を問わず、必要があれば、キャンプ指定地でない場所でテント泊をします。登山の前夜などに、登山口付近の駐車場や空き地で泊まる登山者は少なくありません。目ざとく駐車場付近の空き地を見つけてテントを張る登山者もいれば、車の中で眠る登山者もいます。車の中で眠ることも、キャンプの一種です。国民栄誉賞を受賞した冒険家の植村直己は、大学卒業後、野宿しながら歩いて日本を縦断しました。これらの野宿の多くは、土地所有者の許可を得ていないはずです。このような野宿（キャンプ）が自由にできなければ、未来の植村直己は生まれません。

テントを張らなければキャンプではないと考える人がいるかもしれませんが、テントを張らないビバーク（非常露営）もキャンプに含まれます。テントを張らずに、地面にシュラフを広げてシュラフで眠ることもあります。タープ（一枚の布地）を上に張り、その下で眠ることもあります。タープはテントではありません。テントを張るかどうかは、キャンプの本質的な要素ではありません。日帰り登山で、山の中で煮炊きすることもキャンプに含まれます。天候が悪い時は、食事をするために一時的にテントを張ることもあります（これは、宿泊をしないキャンプです）。

自然の中でテントを張ることができるかという問題は、キャンプができるのかという問題と同じく、法律的には土地を一時的に使用できるのかという問題です。現実問題として、自然の中でのキャンプを認めなければ、多くのアウトドア活動ができなくなります。

北アルプスなどの整備されたキャンプ指定地のある山域では、指定されたキャンプ指定地以外の場所ではテントを張ることができません。自然公園の特別保護地区、特別地域では、テントの設営は「工作物の設置」に該当し、国や県の許可が必要だという運用がなされており、これに違反すれば罰則があります（テントを土地に固定させず、土地に置くだけで、「工作物の設置」といえるのかという疑問はありますが）。

しかし、沢登り、岩登り、雪山登山では、キャンプ指定地以外の場所でのテント泊をすることが少なくありません。沢登り、岩登り、雪山登山では、キャンプ指定地以外の場所でのテント泊やビバークを禁止すれば、これらの登山ができないことがあります。なぜなら、沢登り、岩登り、雪山登山ではルート付近にキャンプ指定地がない場合が多いからです。雪山ではキャンプ指定地が雪で埋没したり、指定地に雪崩などの危険があるため使用できないことがあります。沢登りでは遡行に何日もかかる沢が多く、岩登りでは、岩壁の基部まで行くだけで一日かかることがあります。これらのルートでテント泊やビバークを禁止することは、事実上、沢登りや岩登りを禁止することになります。ビバークでは、テントやツェルトを使用する場合もあれば使用しない場合もあります。藪漕ぎ登山をする場合も、近くにキャンプ指定地がなければ、指定地以外の場所でテント泊をするほかありません。付近にキャンプ指定地のない低山の縦走でも、日帰り登山を除き、指定地以外の場所でのテント泊が必要になります。

一般に、危険を避けるために、やむをえずキャンプ指定地以外の場所でキャンプをすることは緊急避難行為であり、違法ではありません。しかし、沢登り、岩登り、雪山登山、藪漕ぎ登山などでは、最初からキャンプ指定地以外の場所でのテント泊を予定して登山計画を立てるので、キャンプ指定地以外の場所でテント泊をすることは予定どおりの行動であって、緊急避難ではありません。緊急避難行為を登山計画で「予定する」ことは、ナンセンスです。

しかし、キャンプ指定地以外の場所でのテント泊を認めなければ、沢登り、岩登り、雪山登山などができないので、それらを禁止できません。これらのテント泊を禁止することは、沢登り、岩登り、雪山登山を禁止することになるからです。

アメリカでは自然公園をフロントカントリーとバックカントリー（自然状態を維持したウィルダネスエリア）に分け、フロントカントリーではキャンプ地などの厳しい規制がありますが、バックカントリーでは、キャンプ方法の規制はありますが、比較的自由にキャンプができます。フロントカントリーはだれでも利用できるように山小屋やキャンプ場が整備されたエリアであり、入域者が多いので、環境保護のために厳しい規制が必要ですが、バックカントリーはキャンプ場などの人工的施設がなく、自然がもたらすリスクが高いので、必要に応じてキャンプができます。バックカントリーでは、一日の入域者数が制限されており、登山者の自由な行動を認めても、環境への影響が少ないのです。

日本では、高山での岩登りや沢登りをする山域は、アメリカのバックカントリーに近いエリアです。このような人工的に整備されていない自然の中で行動する登山では、事実上、キャンプ地の規制ができません。

法律的には、自然公園の特別保護地区、特別地域でのキャンプ指定地では、テントの設営について、工作物の設置許可が包括的になされているとみなされ、沢登り、岩登り、雪山登山などでも、同様の扱いがなされていると考えることができます。北アルプスなどでのキャンプ地の指定は、縦走登山などの「登山道を歩く登山」を想定した規制であり、これを沢登り、岩登り、雪山登山などにそのまま適用するのは無理です。「登山道を歩く登山」では登山道付近にキャンプ指定地がありますが、沢登りや岩登りでは、付近にキャンプ指定地がないので、「キャンプ指定地でテント泊しろ」ということが無理なのです。

縦走登山の場合でも、テントを地面に張ることなく、地面の上にシュラフを置いて寝ること、ツェルト（簡易テント）を被ること、地面にごろ寝することは「工作物の設置」とはいえないので、キャンプ指定地以外の場所でも可能です。テントを張ることなく、コンロを使用して食事をすることもキャンプですが、自然公園の特別保護地区、特別地域でも禁止されていません。テントを張らないキャンプは、どこでも可能です。

土地所有者がテント泊を禁止することもある

自然公園の特別保護地区、特別地域以外の地域では、自然公園法によるテント泊の制限はありませんが、土地所有権に基づく制限があります。日本全国どこの山でも、土地所有者がおり、土地所有者が禁止すればテント泊はできません。山岳地帯では土地所有者の関心が低く、テント泊を黙認することが多いのですが、山麓では土地所有者がテント泊を禁止する場合があります。

しかし、土地所有者といえども、登山者が地面にごろ寝して、ツェルトを被ることを禁止するのは無理でしょう。また、登山者が山の中でコンロで煮炊きをし、食事をすることを禁止するのも無理です。これらを禁止することは、土地所有者が登山者に「登山をするな」と言うのと同じく、合理的な理由がなければ、権利の濫用になります。

公有地、私有地を問わず、山の土地所有者はテント泊を黙認することが多いのですが、登山者のマナー違反が目立てば、テント泊を禁止することがあります。最近、集落に近い場所にある岩場付近でのクライマーのキャンプが、騒音やゴミ、し尿処理などの理由から禁止されるケースが増えています。都会近郊の川原（河川敷）では、管理者がキャンプを禁止することが多いのですが、上流ではキャンプの禁止を明示していません。さらにその上流が渓流釣りや沢登りの対象となります。これらの場所でも登山者のマナー違反が目立てば、土地所有権・管理権に基づいてキャンプを規制することがありえます。登山者は、キャンプのマナーを守ることが必要です。

ヨーロッパでは、キャンプ、テントの設置、ハイキング、登山などのアウトドア活動をめぐる土地所有者との間で生じる問題がかなり前から意識されており、北欧、ドイツ、スイス、イギリスなどでは、国民がどこまで自然を自由に利用できるかについて、法律で規定しています（前出『イギリス　緑の庶民物語』）。

日本では、一部の専門家がかなり前から「日本のアウトドア活動が無法状態にある」ことを指摘していますが、行政や国民の関心が低く、自然の利用をめぐる法律があいまいです。今後、日本でもアウトドア活動をする人の数が増えるので、これに関する紛争が増えることが予想されます。

現状では、自然公園の特別保護地区、特別地域での縦走登山ではキャンプ指定地でテント泊をしなければなりません。沢登り、岩登り、雪山登山、藪漕ぎ登山では、キャンプ地の指定に縛られないことが多いのですが、キャンプのマナーを守ることが必要です。マナーを守らないキャンプが増えれば、土地所有権に基づいてテント泊を規制することが可能です。山麓では、土地所有者がキャンプを禁止する意思がありそうかどうかを推測し、禁止しないと思われる場所ではキャンプが可能ですが、マナーを守ることが必要です。

避難小屋の利用

避難小屋は、本来、緊急時に使うべきものですが、日本では多くの避難小屋が宿泊小屋として利用されています。登山シーズン中に管理人を置き、料金（協力金と呼ばれることが多い）を徴収して宿泊させる避難小屋もありますが、これは実態からすれば、営業小屋と同じです。避難小屋であらかじめ大人数のパーティが場所取りをするため、利用者間でケンカになることがありますが、小屋の管理者が適切な管理をすれば、この種のトラブルは生じません。避難小屋がいつも満杯状態では、緊急時に登山者が「避難」のために利用できず、「避難小屋」の機能を果たせません。

マッターホルン（四四七八メートル）の標高約四〇〇〇メートル地点にあるソルベイ小屋は避難小屋であり、緊急時以外は使ってはならないとされています。もし、ソルベイ小屋が日本の避難小屋のように宿泊用に一般的に開放されれば、登頂するうえで便利なので、登山者が殺到するでしょうが、それは認められていません。

天山山脈では、トレッカーはテントを持参し、嵐の時などの緊急時に避難小屋を使用していました。カナダの国立公園にある避難シェルターは、人が座れる程度のスペースしかなく、本当の避難小屋でした（写真A）。ニュージーランドでも、避難小屋は通常の宿泊では利用されず、避難小屋と宿泊小屋は別でした。

写真Ａ　カナダ・バフィン島の国立公園内にある避難小屋

日本では、避難小屋が老朽化すれば利用者から苦情が出て、立派な宿泊小屋に改築される傾向があります。二〇〇九年七月に、北海道のトムラウシ山でツアー登山中に悪天候のために八人が亡くなる事故が起きた時、「遭難の前夜泊まった避難小屋がボロで十分に休養できなかったことが遭難につながった」として、避難小屋をもっと立派なものにすべきだという意見が出ました。これは避難小屋ではなく、宿泊小屋に関する意見です。

日本で避難小屋と呼ばれている山小屋の多くが宿泊小屋を兼ねており、宿泊小屋として適切に管理する必要があります。管理人のいない宿泊小屋では、利用者が多ければ管理者が管理規則を定め、その中で場所取りについて規定すればよいのです。たとえば、宿泊小屋での宿泊を許可制にすることも可能です。登山者がルールを守れる国では、管理人がいなくてもルールを守ることができます。もし、無許可で宿泊する者がいれば、時々パトロールを実施し、違反者に高額な罰金を科すことが可能です。

ドイツの鉄道の駅には改札がありませんが、時々電車内で車掌が検札をし、無賃乗車の違反者に高額な罰金を科しています。無賃乗車をする人が多くないので、このような制度が可能なのです。登山者の多くが自律的にルールを守ることができれば、それに応じた管理が可能です。

避難小屋が宿泊小屋を兼ねている場合には、小屋が満杯状態であれば、緊急時に避難小屋としての役割を果たせないおそれがあります。したがって、避難用の小屋と宿泊用の小屋を分けるべきであり、本来の避難小屋は緊急時にのみ使用を認めるべきです。このような避難小屋は緊急時にしか使えないので、場所取りは違法です。緊急時にしか利用できないことを明示した避難小屋もありますが、日本の避難小屋の多くが、本来の避難小屋と宿泊小屋の区別があいまい

早池峰山山頂の避難小屋。立派な建物だが緊急時以外は使用できない

です。そのようなあいまいな管理方法は、登山に限らず日本の社会全般に存在しますが、それが多くのトラブルをもたらしています。避難小屋の「場所取り」の問題もその一つです。これは避難小屋の管理者が適切に管理をすれば、簡単に解決できる問題です。

登山者の側では、避難小屋が緊急時しか利用できない本来の避難小屋なのか、宿泊小屋を兼ねた小屋なのかを事前に調べ、本来の避難小屋については、あらかじめそこに宿泊することを登山計画に組み入れるべきではありません。宿泊用の避難小屋では、明確な利用規則がなければ「場所取り」は違法ではありませんが、マナーとして自粛すべきでしょう。

山での焚き火について

最近の日本では、焚き火に対する世論の風当たりが強くなっています。ゴミを燃やすことが環境への悪影響をもたらすことから、屋外でゴミを燃やすことは原則として禁止されています。このことから、焚き火が禁止されていると勘違いしている人が多いようです。

しかし、ゴミを燃やすことと焚き火は同じではありません。焚き火は、枯れ葉や枯れ木などを燃やすことであって、ゴミ（廃棄物）を燃やすことは焚き火ではありません。廃棄物処理法は、ゴミを燃やすことを原則として禁止していますが、焚き火は禁止していません。また、自然公園の特別保護地区では焚き火が禁止されていますが（コンロの使用はできます）、自然公園のそれ以外の地域では、焚き火は禁止されていません。

ガスや石油などの化石燃料の代わりに薪を燃やすことは、バイオマス効果があります。樹木が成長過程で吸収する二酸化炭素の量は、樹木を燃やす場合に排出される二酸化炭素の量を上回るので、燃料として薪を使うことは大気中の二酸化炭素の量を減らすことに役立ちます。逆に、キャンプ場で焚き火を禁止して、ガスコンロや石油コンロを使用させることは、地球の温暖化につながります。焚き火をした後の灰は、植物の肥料となり、自然のサイクルの一部になります。

したがって、焚き火は地球の環境保護につながり化石燃料の使用よりも望ましいのですが、日本では焚き火に対する世論の風当たりが強いようです。それは「焚き火の時にゴミを燃やすおそれがある」「火事になるおそれがある」「焚き火の後始末をしないおそれがある」などと考えるからでしょう。日本のほとんどのキャンプ場で焚き火を禁止し、街中の団地などで、団地内での焚き火を禁止する申し合わせをしているのは、このような理由からだと思います。

アメリカにあるジョン・ミューア・トレイルでは、焚き火は、焚き火用の石組みのあるところでのみ行なうこと、太い木は燃やしてはいけないなどの規制のもとに認められています。これらの規則に違反すれば現行犯逮捕されますが、刑罰を科される人は多くないようです。カナダの自然公園でも焚き火が認められており、かつては、焚き火用の薪をキャンプ場が無償でキャンパーに提供していたそうです。アメリカの国立公園では、一定の規制のもとに焚き火ができることが多いようです。アメリカやカナダのバックカントリーでは、焚き火を認めるのが一般的です。これは、山小屋やキャンプ場などの人工的設備のないエリアでは、キャンプや焚き火を認めなければ、生命の危険が生じるからです。

日本でも、古くから焚き火が仕事や生活のために行なわれていました。現在でも、野山で仕事をする人は焚き火をしており、焚き火は仕事や生活の一部です。

また、焚き火はレジャーとしてのアウトドア活動の一部であり、登山での焚き火は文化的活動の一部です。沢登りでは川原でキャンプをし、焚き火で煮炊きし、濡れた衣類を乾かし、暖をとることが、昔から行なわれてきました。現在でも、焚き火はアウトドア活動で重要な役割を果たしており、法律上、焚き火が認められています。

前記の「焚き火の時にゴミを燃やすおそれがある」「火事になるおそれがある」「焚き火の後始末をしない可能性がある」という点については、一般に現実に被害が生じたり、その具体的な危険性が高い場合に初めて禁止ができるのであって、「〇〇かもしれない」という理由から禁止をすべきではありません。これが、憲法の基本的な考え方です。憲法上、国民の自由の規制は必要最小限でなければならないのであり、具体的に弊害が生じるおそれがない場合まで禁止することは過剰な規制であり、憲法の趣旨に反します。

本来、ゴミを燃やしてはならないこと、火事を起こしてはならないこと、焚き火の後片付けをすることは当たり前のことです。これらのルールを守らないかもしれないという理由から禁止すれば、際限のない禁止になります。たとえば「迷惑行為をするかもしれない」という理由から、粗暴な性格の人の飲食店への出入りを禁止すれば、重大な人権侵害になります。問題を起こすかもしれないという理由から禁止すれば、世の中は禁止だらけになります。

アメリカやカナダでは、国民がルールを守ることができる前提で焚き火を禁止することはせず、焚き火に関する細かい規則を定めています。日本では法律上、焚き火は禁止されていませんが、国民がルールを守ることができない前提で、事実上、焚き火ができない場面が多くなっています。日本は、法律のタテマエは別として「事実上の禁止」が多い社会です。国民がルールを守って行動できれば、あらかじめ禁止するのではなく、問題が生じた時にその都度対処すれば足ります。

前記のように、法律で焚き火が禁止されるのは、自然公園の特別保護地区だけですが、それ以外の場所でも、土地所有権による焚き火の制限が可能です。公有地、私有地を問わず、土地所有者が禁止すれば、焚き火ができません（写真A）。キャンプ場で焚き火ができるかどう

写真Ａ　焚き火禁止の看板

かは、キャンプ場の所有者・管理者が決定できます。河川敷は国、自治体が管理しており、都会近郊の河川敷では、焚き火が禁止されることが多いようです。河川敷でのバーベキューを認めるかどうかは、河川敷の管理者が決定できます。河川の上流や沢で焚き火を認めるかどうかも、国や自治体に決定権があります。沢登りでは川原で焚き火で煮炊きし、濡れた衣類を乾かし、暖をとるための焚き火が黙認されています。仮に山の所有者や河川管理者が焚き火を禁止しても、登山中の緊急避難的な焚き火は違法とはいえないでしょう。

犬連れ登山の是非

最近、山に犬を連れていく人が増えており、犬連れ登山に対して登山者から賛否両論が出ています。そこでは、登山のマナーと法律論が混同されることが多いようです。登山にはさまざまな形態があるので、単に「山に犬を連れていってもよいか」という議論をしても、議論がかみ合いません。一方は、高山での犬連れ登山をイメージして禁止を主張し、他方は、低山でのハイキングをイメージして犬連れ登山を認めるべきことを主張する傾向があります。自宅の裏山で犬の散歩をさせることを禁止すべきだと主張する人はいないでしょう。また、山での放牧や猟犬を禁止すべきだと主張する人も少ないでしょう。

自然公園の特別保護地区などでは、リード等でつながない動物の持ち込みは許可が必要ですが、つないだ犬については、法律上の規制はありません。自然公園の特別保護地区などを除く山では、狩猟のために犬が放され、放牧のために山の中で動物が放し飼いされることがあります。各自治体の動物の愛護及び管理に関する条例で、犬の放し飼いが原則として禁止されていますが、リードでつないだ犬は禁止されず、狩猟の場合は犬をつながなくてもよいとされています。このような山で、リードでつないだ犬連れ登山の禁止を主張するのは無意味です。狩猟や放牧のために動物の持ち込みができるのに、「登山」と「犬」だけを規制するのは不合理です。

ペットが自然環境に悪影響をもたらす点が指摘されていますが、山には犬以外の動物が多く生息しており、カラスやイノシシ、タヌキなどが人間の集落でゴミをあさり、さまざまな雑菌を山に持ち込んでいます。山に雑菌をもっとも持ち込む動物は人間です（外国には、入山時に登山者の靴を消毒させる山域があります）。

これらの法律や条例では、リードでつないだ犬については、山への持ち込みが禁止されません。しかし、それとは別に、山の所有者は土地所有権・管理権に基づいて、犬連れ登山を認めるかどうかを決定することができます。この点は、土地所有者がキャンプを認めるかどう

犬を連れた登山者が増えている

かを決定できるのと同じです。日本では、土地所有権（管理権）に基づいて、公園、キャンプ場などへの犬の持ち込みを禁止する場合が多いのですが、山については土地所有者（管理者）の意思はあいまいです。これは登山道の管理者が明確ではないことが関係しています。

欧米ではペットの公園への持ち込みを禁止しないのが一般的ですが、これは飼い主がペットの管理ができることが前提です。北欧では、自然の中に犬を連れて入ることが権利として保障されています（ただし、リードでつなぐか、犬をコントロール可能であることが必要です）。イギリスでは犬連れでフットパス（登山道も含まれます）を歩く人が多いようです。

日本では飼い主がペットの管理をできない可能性があることを前提に、ペットの公園への持ち込みを禁止することが多いのですが、自然公園内の登山道については、管理者があいまいなため、ペットの持ち込みの可否が明確ではありません。自然公園法に基づいて整備した歩道は管理者が明確なので、管理者が犬連れ登山の是非を決めることができます。北アルプスの上高地では、国などの土地所有者が禁止すれば法的拘束力がありますが、現状はそこまでの規制をしていないようであり、ペット持ち込みを自粛するように行政指導がなされています。

本来、この問題は、登山道の管理者が登山道ごとに犬連れ登山の是非を決めれば足りるはずです。しかし、登山道の管理者があいまいな現状では、尾瀬や高山のように環境への影響の大きい場所や登山道が混雑する場所では、登山者のマナーとして犬連れ登山をすべきではないでしょう。時々、山小屋が犬連れ登山の禁止を告げますが、山小屋は登山道の管理者ではないので、法的な拘束力はありません。

そのような弊害のない低山では、犬連れ登山を認めてもよいでしょう。東京都が二〇一五年に定めた「東京都自然公園ルール」は、行政指導であり法的拘束力はありませんが、そこではペットの同伴登山を禁止せず、他人に迷惑がかからないようにすることを規定しています。これは、東京都内の低山をイメージした行政指導です。

なお、身体障害者の補助犬（盲導犬、介助犬、聴導犬）については、不特定、多数の者が利用する施設では、原則として身体障害者補助犬の同伴を拒否できません（身体障害者補助犬法）。登山道は不特定、多数の者が利用する施設であり、補助犬の犬連れ登山を禁止できません。

登山道でのトレイルランやマウンテンバイクの是非

最近、トレイルランナーや登山道をマウンテンバイクで走行する人が増えており、登山者から苦情が出ることがあります。トレイルランニングは、トレイルを走ることをさしますが、トレイルランニングの対象となるトレイルは登山道や林道などです。最近、トレイルランニング愛好者が増え、トレイルランニングのレースも増えています。

昔から宗教的な早駆け登山などが行なわれており、登山道を走る人は以前からいましたが、そのような登山者の数が少なかったので、それほど問題になりませんでした。しかし、トレイルランニングのレースのように組織的、集団的に行なわれる場合には、ほかの登山者への危険や環境問題などが生じます。渋滞する登山道では、登山道を走る人が一人でも危険が生じます。トレイルランニング中にほかの登山者に衝突して事故が起きれば、衝突したトレイルランナーに損害賠償責任が生じるほか、レース主催者に損害賠償責任が生じる場合があります。

二〇一五年に、環境省は国立公園内で実施されるトレイルランニング大会に関するガイドラインを定めました。その内容は、トレイルランニング大会を実施する場合は環境保護に注意し、利用者の多いルートの混雑期等を避けること、歩道等の管理者、土地所有者、関係行政機関等との事前調整を行なうことなどを定めました。東京都も二〇一五年に「東京都自然公園ルール」を定め、トレイルランニングやマウンテンバイクに関するルールを定めました。そこでは、登山やハイキングの利用者が多い自然公園内の登山道へのマウンテンバイクの乗り入れを控えること、自然環境が脆弱な地域、特別保護地区や第一種特別地域のような自然性の高い地域では乗り入れを控えることなどを規定しています。

これらは行政指導であり、法的拘束力がありませんが、登山者のマナーです。行政指導ではなく、法律や条例でトレイルランニングを規制すれば国民を拘束する効力がありますが、山域や登山道が多様なため、法律や条例で一律に規制するのは無理です。

登山道の管理者が、管理権に基づいて登山道の利用規則を設ければ、法的拘束力があります。しかし、日本の登山道の多くが管理者があいまいなため、現状ではそれが困難です。登山者のマナーとしては、登山道を走ってはいけないとはいえませんが（この点は、街中の歩道を走るのと同じです）、他人に迷惑がかからないように走る必要があります。

自然公園では、公園事業として設置された歩道や規制区域では、自転車の走行は制限されています。しかし、これら以外の登山道（ほとんどの登山道がこれに該当します）は「歩道」として管理されていないので、自転車での走行は、法律上、禁止されていません。北欧では法律上、歩くための歩道は、自転車、スキーでの通行も認められています。欧米では通常、トレイルや登山道でのトレイルランニングが禁止されることはありません。

日本の登山道でトレイルランナーやマウンテンバイクの利用者と登山者の関係が問題になるのは、登山道のオーバーユースに原因があります。登山道が混雑すれば、登山者同士でも衝突事故や鎖場での渋滞がもたらす事故などが起き、環境へのダメージをもたらします。登山者とトレイルランナーの間で生じる問題は、登山道が混雑すれば登山者同士の間でも起きます。登山道の管理者が、登山道を適切に管理し、登山道が混雑しなければ、トレイルランナーやマウンテンバイクの利用者と登山者の間の問題はほとんど生じないでしょう。

また、トレイルランナーやマウンテンバイクの利用者が登山者に衝突しないように注意すべきことは当たり前の注意義務であり、衝突事故の可能性を理由にトレイルランニングやマウンテンバイクを一般的に禁止することはできません。それは、街中の歩道でジョギングをする人が歩行者に衝突する可能性があるという理由から、歩道を走ることを禁止できないことと同じです。

何十人、何百人も参加するトレイルランニングやマウンテンバイクのレースを開催することは、それ自体が登山道の混雑と危険をもたらすので、本来、登山道の管理者が権限に基づいて規制することが必要です。登山道の管理者があいまいな現状ではそれができないので、レース主催者が自主規制をする必要があります。

登山道に標識、目印のテープ、リボンなどを設置してもよいのか

登山道に多くの看板、標識、目印用のテープ、リボンなどが設置されています。これらはだれがどのように設置しているのでしょうか。また、だれでも標識を自由に設置してよいのでしょうか。これらの標識はだれがメンテナンスをしているのでしょうか。間違った標識を設置した場合に、だれが責任を負うのでしょうか。

自然公園の特別保護地区、特別地域では「工作物の設置」に国や県の許可が必要であり（自然公

園法)、これに違反すると罰則があります。登山道に無断で看板、標識、目印用のテープ、リボンなどを設置することは、工作物の設置に当たります。自然公園には許可を得て設置された標識もありますが、多くの標識、目印用のテープ、リボンなどは、だれが設置したか不明の無許可工作物だと思われます。無許可で設置された標識などでも、無許可で設置された古いハシゴや鎖と同じく、登山に役立つ場合が多く、利用されています。

また、自然公園法の規制とは別に、土地所有権、登山道の管理権との関係でも問題が生じます。土地所有者や登山道の管理者は、登山道の看板、標識、目印用のテープ、リボンなどの設置を禁止できます。また、土地所有者、管理者は、看板、標識、目印用のテープ、リボンなどをゴミとみなすことができれば、撤去、処分できます。過去に、善意で登山道に標識を設置した人が、山の所有者から標識の撤去を求められたケースがあります。

登山道に標識等を設置する権限があるのは、登山道の所有者、管理者です。登山道の管理者から委託を受けた者も標識等を設置できます。ドイツではそのように運用されていますが、日本では登山道の所有者、管理者があいまいなため、登山道の標識などの管理があ

登山道を示すリボン

いまいになる傾向があります。

登山道にどこまで標識を設置すべきかという問題があります。道迷い遭難が起きると、標識が整備されていないことが遭難の原因だとされやすいのですが、道迷いをする可能性のある箇所にすべて標識を設置すれば、登山道が標識だらけになります。自然公園の特別保護地区、特別地域では、「工作物の設置」に国や県の許可が必要であり、自然保護の趣旨からすれば、国や県はむやみに許可できません。

登山道を遊歩道、初級者用、経験者用、熟練者用、自然状態を維持するルートに区分し、標識はそれぞれに応じたものにする必要があります。

遊歩道は管理者が明確で観光客でも歩けるような歩道です。立山の室堂の歩道、上高地の歩道、奥入瀬渓流の歩道などがこれに当たります。遊歩道では、標識に不備があれば遊歩道の管理者に管理責任が生じる可能性があります。通常、遊歩道では標識が整備されており、道迷い遭難はほとんど起きないと思われます。

熟練者向きの登山道では、標識の数は最低限のものになります。自然状態を維持するルートでは、標識を設置すべきではないでしょう。たとえば、劔岳から北方の稜線の登山道は標識が整備されていませんが、ここに多くの標識を設置すれば未熟な登山者が歩くようになり、事故が多発するでしょう。長次郎雪渓なども同じです。

このような標識の設置、管理を行なうことができるのは、登山道の管理者です。二〇一七年に、富士山の登山道に何者かが正規ルートとは異なる方向を示すペンキを塗る事件がありましたが、これは違法であり、器物損壊罪の対象になります。ただし、冬山や沢登り、藪漕ぎ登山で、登山者が目印として木の枝などにテープや紐を設置するのは、緊急避難的行為であり、違法とはいえません。このようなテープやリボンに従って歩くと登山道から外れてしまいます。

設置した標識は、一年に一回程度は登山道の管理者が点検をする必要があります。登山道の管理者があいまいな現状では、登山者は、登山者の少ない山では標識をあてにできないことがあるということを知っておく必要があります。明らかに間違った標識はほとんどないと思いますが、標識が倒れていたり、登山道と無関係のテープやリボンが撤去されていないことがあります。

熟練者向きの雪渓ルート。剱岳・長次郎谷右俣

4 昨今の規制問題

富士山協力金について

富士山では登山者から協力金を徴収していますが、これは行政指導であり、強制力がありません。行政指導は、行政機関が一定の行政目的を実現するために、国民の同意もしくは自発的な協力を得て、適当と思われる方向に誘導する一連の事実上の活動をさします。

富士山の協力金の対象者は、各登山道の五合目から山頂をめざす登山者ですが、富士山の五合目付近の登山道を歩く観光客と登山者を区別するのは無理です。「山頂をめざす」かどうかは、内心の問題なので、法律的な区別の基準にできません。五合目から上に向かう人は、観光客も含めて協力金の対象になりますが、協力金の支払いは義務ではないので、協力金の対象者を厳密に特定する意味はありません。

外国には入園料を強制的に徴収する国立公園がありますが、そのような国立公園は、通常、国有地にあります。しかし、富士山は、私有地（神社の所有地など）が多く含まれるので、国や自治体が入山料を強制徴収することは、土地所有権を侵害することになります。また、自治体が条例を制定して、税金として入山料を強制的に徴収することは、税金徴収の理由や手続きの点で困難です。そのため、富士山では行政指導による協力金という形で、支払うかどうかを登山者の自由意思にゆだねる方法を採用しています。屋久島でも登山協力金を徴収していますが、これも任意の協力金であり、支払うかどうかは、登山者の自由です。

もし、協力金の支払いが義務だと勘違いして払う登山者がいるとすれば、それは違法な徴収になります。協力金を払うかどうかは登山者の自由であることを明示することが必要です。

このような任意の協力金は、環境保全のための資金を集める意味はありますが、協力金の金額が高額でなければ、入山者数を抑える効果を期待できません。富士山でも屋久島でも、し尿やゴミ、混雑、登山道の荒廃などの環境問題は、環境の自然回復力以上に登山者が多いことに原因がありま す。したがって、いくら環境保全のための資金を集めても、登山者が多ければ自然環境が損なわれます。環境保護の必要性のある場合には、入山者数を制限するのが世界の潮流です。

入山者数の制限

人気のある山では、シーズン中に登山道が渋滞し、ハシゴや鎖のある箇所で一時間ほども順番待ちをすることがしばしばあります。そのような山にある山小屋は、シーズン中は混雑し、すし詰め状態になります。外国でハイキングやトレッキングをすれば、登山者の数が少ないことが、登山の快適さをもたらすことがよくわかります。

山の混雑は、し尿の処理の問題や登山道が荒廃するなどの問題をもたらします。カナダの国立公園では、トイレのし尿をヘリコプターで搬出していますが、入山者数が多ければそれが困難になります。登山者が多すぎれば、登山道付近の植生が踏み荒らされ、回復不可能なダメージを与える可能性が生じます。登山は自然を利用する行動であり、自然の回復力を損なわない形態で自然を利用する必要があります。登山が自然の回復力を損なわないもっとも有効な方法は、入山者数の制限です。

アラスカを除いたアメリカ合衆国の最高峰はホイットニー山ですが、ここでは登山を許可制にして入山者数を制限しています。ニュージーランドのミルフォードトラックなどでも入山者数を制限しています。マッターホルンでは、ノーマルルート（ヘルンリ稜）の起点にあるロッジが予約制であり、宿泊者数に限界があるので、登山者数が制限されます。日本では、宿泊を予約制にしている山小屋でもすし詰め状態になることがあります。これは、あらかじめ定員よりも多い予約客を受け付け、さらに予約しない登山客も宿泊させるからだと思われます。マッターホルンの三二六〇メートル地点にあるヘルンリ小屋は、予約しない登山者は絶対に泊めない扱いをしており（強制的に下山させるということ）、ルールの適用の厳格さを感じます。この点は、アメリカの国立公園で規則の違反者をレンジャーが現行犯逮捕することに似ています。

ホイットニー山やミルフォードトラックは国有地にあるので、入山制限が簡単にできますが、日本の山は私有地が多く含まれており、私有地にある山で入山制限をするには土地所有者の同意が必要です。土地所有権は土地を自由に使える権限だからです。

公有地にある山では国や自治体が入山者数を制限することは可能ですが、その山に営業小屋がある場合には、入山者数の制限が山小屋に大きな不利益をもたらす点が問題になります。また、入山者数の制限が観光業に与える不利益も大きな問題になります。

入山者数を直接制限するのではなく、山小屋やキャンプ場を予約制（定員制）にすること、登山口までのアプローチを不便なものにすること、登山ルートをわざと不便で困難なものにすること、マイカー規制、観光バスの規制などの方法も、入山者数を抑え、環境を保護する方法です。

白山は、登山シーズン中は登山者が非常に多いのですが、五月の連休時は、登山者は市ノ瀬の駐車場から登山口の別当出合までの車道を約二時間歩かなければならないため、入山者数が自然に抑えられています。もし五月の連休時に、登山シーズン中と同様に登山口までのシャトルバスを運行させるか、マイカー規制をしなければ、登山者数と事故が大幅に増えるでしょう。五月の連休時の白山では、環境保護のための知恵というよりも、単に採算がとれないためにシャトルバスを運行させないのだと思いますが、結果的に山のオーバーユースを防止しています。富士山では、五合目までの車道の通行規制をすれば、登山者数を制限できるでしょう。

登山が便利になり、だれでも登れるように登山道や山小屋を整備すれば、自然のオーバーユースになるのは当たり前です。登山者が増えれば、事故も増えます。今後は、環境保護のために知恵を使うことが必要だと思われます。

救助ヘリコプターの有料化

街中での事故や急病では、一一九番通報をすればすぐに救急車が来てくれます。川や海での事故についても行政が救助活動を行ない、それらの救助費用はすべて無料です。日本ではそれが当たり前になっていますが、アメリカでは多くの州で救急車の出動が有料です。

登山中に登山者にアクシデントがあった場合に、安易に救助ヘリコプターを要請するなどの行動が問題になっていますが、街中では安易な救急車の利用が頻繁に起きています。救急車をタクシー代わりに使う人や、救急病院が混雑している夜間などに一一九番通報をすると優先して診察してもらえることを悪用する人がいます。それらに比べれば、登山中に安易な救助要請をする人の数は格段に少ないはずです。

山岳遭難の捜索・救助活動は警察、消防が担当し、その費用はすべて無料です。しかし、埼玉県では、二〇一七年に山岳地帯で活動する消防機関のヘリ（防災ヘリ）を有料化する条例が制定されました（条例の施行は二〇一八年から）。埼玉県以外の自治体は、ヘリの有料化をしていません。

埼玉県では条例を改正して、「登山者そのほかの山岳に立ち入った者」の防災ヘリコプターの利用を有料にしましたが、法律的に見れば「山岳」の範囲があいまいです。「山岳」はイメージとしてはわかりますが、厳密には、山岳とそうではない場所の境界は明確ではありません。その後、県の規則で有料化の対象となる「山岳」の範囲を指定しましたが、条例上は「山岳」の範囲はあいまいなままです。

このように山岳地帯の一部での遭難救助だけを有料にすることは不公平な扱いになります。もともと国民の自由の規制を法律や条例で規定するのは、国民を公平に扱うためです。行政機関の恣意的な行動に枠をはめるのが、法律や条例です。

また、「山岳に立ち入った者」には観光客、旅行者、一般市民が含まれ、ヘリを正当に利用する人も規制対象になっています。これは、ヘリの利用の濫用防止という条例の目的からすれば過剰な規制になっています。ヘリの利用の濫用防止という目的からすれば、濫用した人に制裁金を課せば足りるはずです。また、山岳事故の防止がヘリ有料化の大きな目的のようですが、有料化すれば山岳事故が減るという関係はないでしょう。

アメリカでは多くの州で救急関係の車両等の出動を有料にしていますが、山岳と街中を区別することなくすべて有料なので、その点では公平です。国全体が山岳地帯にあるスイスでは、山岳と山岳でない地域を区別せず、救急ヘリはすべて有料ですが、寄付金や保険制度を活用して、国民にほとんど負担がないシステムになっています。

埼玉県の防災ヘリを除けば、警察、消防の捜索活動は、ヘリを含めてすべて無料です。ただし、警察や消防機関が捜索するのは、遭難者の生存の可能性のある間だけです。民間会社のヘリは一回の出動で何十万円も費用がかかります。山岳保険はそれらの費用をカバーしますが、保険支給額に上限があります。

ツアーガイドの資格と旅行業の資格

山岳ガイドやツアー登山のガイドの資格として、日本山岳ガイド協会が認定する資格、日本アルパインガイド協会が認定する資格、各地の山岳連盟が認定する資格、都道府県が認定する資格、自治体が認定する資格など多くの種類があります。

これらの資格はいずれも国家資格ではなく、登山のガイドは資格がなくても可能です。しかし、最近、旅行会社などは、ガイドの雇用の条件として山岳ガイドの資格を持っていることを要求することが多く、現実には山岳ガイドの仕事をするうえで資格が必要になります。また、ツアー登山で事故が起きた場合に、山岳ガイドの資格を持っていないことは刑事処分で不利に扱われる傾向があります。

ツアー登山では旅行業の資格も問題になります。旅行業法では、報酬を得て旅行の運送、宿泊の手配等をするには旅行業の登録が必要です。ここでいう「報酬」は利益と異なり、対価性のある手数料を含みます。したがって、山岳ガイド、山岳連盟、ボランティア団体などが、継続的な事業として参加者を公募して参加費を徴収し、参加者の運送、宿泊の手配等をするには旅行業の登録が必要です。

ハイキングクラブなどが実施する公募登山では、参加費を徴収して、継続的にバス会社の輸送や山小屋予約の手配をすれば、旅行業法違反になる可能性があります。本来、ハイキングクラブは会員がハイキングをすることを楽しむ団体であり、それを超えて公募した参加者を対象に継続的に輸送、宿泊の手配をすることは、趣味のサークルの活動の範囲を超えています。会員間の活動にとどまれば、参加費を徴収しても旅行業法違反にはなりません。山岳会の山行で、リーダーが参加者から交通費を集めて電車や車の手配をすることは（これは、一般的に行なわれています）、事業性がなく、会員間の活動なので、旅行業法違反になりません。登山スクールが参加者のために輸送、宿泊の手配をしたことが旅行業法違反とされたケースがあります。

ツアーガイドが、登山以外に客の宿泊や移動などの旅程管理を主任として行なう場合には、ツアーコンダクター（主任の添乗員、旅程管理主任者）の資格が必要です。

Ⅱ 山岳事故の責任

1 山岳事故の紛争が増えている
2 どういう場合に責任が生じるのか
3 被害者にならないために
4 加害者にならないために

1 山岳事故の紛争が増えている

山岳事故の責任が生じる場合とは

警察庁の資料によれば、二〇一六年中の山岳遭難件数は二四九五件、遭難者数は二九二九人、死者・行方不明者数は三一九人であり、増加傾向にあります。山岳事故の裁判の数は多い年でも一年間に数件程度であり、多くはありませんが、これも増えています。かつては、山岳事故の裁判の中心は学校での登山中の事故だったのですが、最近はツアー登山などの商業的な登山が増えており、事故が起きれば裁判になりやすい傾向があります。また、山岳事故の裁判件数が少なくても、山岳事故や登山に関するトラブルが増えており、登山に法律が関係する場面が増えています。人工壁やゲレンデでのクライミング中の事故に関する賠償責任保険の支給事例も増えています。

山岳事故の裁判はマスコミで大きく報道されるので、たとえ一件でも大きな萎縮効果をもたらします。一般に、だれでもわからないことに大きな不安を抱く傾向があります。どのような場合に山岳事故の法的責任が生じるのかがわからないために、「事故が起きれば、責任を問われるのではないか」と不安に感じる熟練者やリーダーが少なくありません。交通事故の場合には一年間に三万件以上の交通事故の裁判があるのに、それがもたらす萎縮効果は小さいようです。交通事故が多発し、交通事故の裁判が多いという理由から、自動車の運転をやめる人は多くはありません。交通事故の場合は、どのような場合に法的責任が生じるかをイメージしやすいので、裁判がもたらす萎縮効果が小さいのだと考えられます。山岳事故について、どのような場合に責任が生じるのかがわかりにくいことが、大きな萎縮効果をもたらしています。どのような場合に山岳事故の法的責任が生じるかを理解していれば、事故の責任に対する不安は、取るに足りないものになります。

山岳事故で法的責任が問題になるおもな場面は、「他人の安全を守る注意義務」が生じる場合であり、山岳ガイド、講習会のインストラクター、教師などが関わる登山がこれに当たります。これらを引率登山と呼ぶことができます。

単独登山、友人、知人同士の登山、山岳会での登山では、通常は、事故の法的責任が問題になることはありません。これらを自主登山と呼ぶことができます。山岳会は、法律的には趣味のサークルと同じであり、友人関係で成り立っています。自分の行動の安全は自分で守るのが原則であり、友人同士の登山では、友人間で安全を守る法的な義務が生じません。友人同士の登山で、互いに安全を守るべき注意義務が生じ、それに違反すれば損害賠償責任が生じることになれば、初心者と一緒に登山をする人がいなくなります。この点は登山に限らず、友人同士で釣りや海水浴に行く場合と同じです。

他人の安全を確保すべき法的な義務が生じるためには、安全確保義務を発生させるだけの特別な関係が必要であり、山岳ガイド、講習会のインストラクター、教師などは、客、受講者、生徒などとの間でこのような「特別な関係」に立ちます。

さらに、これらの注意義務を負う者が事故を予見可能な場合に、損害賠償責任や刑事責任が生じます。事故の予見は、言葉としてはわかりやすいのですが、事故を予見できたかどうかの議論は、禅問答のような議論になることがあります。

二〇一一年の東北大震災の地震や津波を予見できたかどうか、福島原発事故を予見できたかどうか、二〇一四年の御嶽山の噴火を予見できたかどうかなどの点が裁判で問題になっています。事故が起きた後には「予見できたはずだ」と考える人が多いのですが、事故の前の時点で事故を予見できた人の数は多くはないでしょう。

近年の異常気象のもとで、「数十年に一度の自然災害」が、毎年各地で起きており、その損害に関して「数十年に一度の自然災害」を予見できたかどうかの議論が全国の裁判所で行なわれています。自然が関係する事故という点で、山岳事故も自然災害も共通性があります。

「責任」という言葉は「注意義務を負う」という意味で使用する場合もあれば、損害賠償責任や刑事責任の意味で使用する場合もあります。たとえば「ガイドは客の安全を守る責任がある」という場合には、「注意義務を負う」という意味です。ガイドに客の安全を守る責任がある場合でも、事故が起きなければ損害賠償責任や刑事責任は生じません。

「過失」「予見可能性」「注意義務」「責任」などの言葉は法律用語です。これらは日常用語としても使われており、日常用語の意味で法律を理解しようとすれば、理解できません。大ざっぱな言い方をすれば、法律用語は外国語のようなものであり、法律用語には日常用語とは違う特殊な意味があります。法的なことを正確に知るには法律の専門書で何年も勉強する必要がありますが、そこまでしなくても、法律に関して大ざっぱなことを知っておけば、行動の指針にできます。万一、事故が起きた場合には、法律の専門家に相談すればよいのです。事故に関する法的なことを何も知らなければ行動の指針にできないので、ある程度の法律を知っておく必要がありますが、すべてを正確に知らなければ登山ができないということではありません。この点は自動車の運転と同じです。自動車の運転者は法律をある程度知っておく必要がありますが、法律を専門的に勉強しなければ、自動車を運転できないということではありません。

「過失」「予見可能性」「注意義務」「責任」などの言葉の法的な意味は、多くの裁判例を見るほかありません。その内容は、個々の具体的な事故に関する紛争を解決するために裁判所が下すある種の法的な価値判断であり、多くの裁判例を見ることでその意味がわかります。本書では、その概要を述べています。

「責任がある」と聞くと、損害賠償責任や刑事責任を負うことをイメージし、責任を負うことを拒否したがる人が多いのですが、社会の中で、だれでもさまざまな注意義務を負っています。その意味では、だれでも責任を負って生きており、自分の責任を自覚することで事故を回避することが可能になります。

民事責任と刑事責任の違い

山岳事故に関する法的な責任には、民事責任と刑事責任があります。通常、山岳事故では、民事責任は損害賠償責任、刑事責任は業務上過失致死傷罪が問題になります。そのほかに、登山では刑事責任として、自然保護法違反（無許可で植物を採取した場合など）、文化財保護法違反（天然記念物を損壊した場合など）、器物損壊罪（無断で木を伐採した場合など）、軽犯罪法違反（私有地への無断進入など）、旅行業法違反（無登録で旅行業を行なった場合など）、条例違反（登山届出条例違反など）などが問題になります。

業務上必要な注意を怠った場合に業務上過失致死傷罪の対象になりますが、ここでいう「業務」は仕事の意味ではありません。「業務」は、社会生活上の地位に基づいて継続的に行なわれる危険性を伴う行為をさし、子ども会や自治会、ボランティア団体の活動、ガイド、教師、講師、警察官、消防職員などの行為や、役所、企業、団体などが主催するイベントや講習会などが業務上過失致死傷罪は、五年以下の懲役・禁錮または一〇〇万円以下の罰金です。業務

山岳事故に関する民事責任も刑事責任も、過失によって事故が起きた場合に生じますが、民事責任と刑事責任では過失の認定の仕方が異なります。民事責任を問う民事裁判では、「あやしい」「たぶん、〇〇だろう」という推測や、被害者を救済すべきであるとの価値判断に基づいて責任を認定することがありますが、刑事裁判では判断が厳格になされ、単に「あやしい」というだけでは有罪にできません。刑事裁判では「無実である」ことを示す証拠がなくても、「有罪にできるだけの証拠」がなければ有罪にできません。

もっとも、これはあくまでタテマエであって、現実には裁判で証拠、事実、責任についての判断の仕方は裁判官によってさまざまです。民事責任と刑事責任で過失の認定の仕方が大差ないケースもあります。「過失」「責任」などの法律用語の意味を日常用語の意味に理解する人が多いこと、これらの日常用語の意味があいまいであること、過失の認定の仕方が事故の内容と裁判官によって異なることなどの事情が、いっそう裁判をわかりにくくしています。

最近、ツアー登山などの商業的な登山中の事故が増えており、ツアー登山中の事故が裁判になるケースが増えています。それらは、民事裁判よりも刑事裁判のほうが多いのですが、これはツアー登山中の事故では、ツアーガイドが加入する損害賠償責任保険から損害賠償金が支払われ、民事裁

判になりにくいことが影響しています。ツアー登山中の事故に関する民事裁判の少なさは、民事責任が生じにくいことを意味せず、逆に民事責任が生じることが多いために、民事裁判が少ないのです。刑事事件については、かつては山岳事故について不起訴（刑事裁判に付さない扱い）になることが多かったのですが、最近はツアー登山中の事故について、検察庁は「どんどん起訴する」方針のようです（これは「検察関係者」がマスコミ関係者に語った言葉です）。

近年、交通事故などを中心に、過失事故に対する世論の非難が強まり、過失事故に対する刑罰が重くなる傾向があります。ほとんどの事故は人間のミスによって起きます。不可抗力による事故を除き、引率登山中の事故について事故後に検証すれば、どこかに引率者のミスを見つけることができます。そのミスを過失として刑事責任を問えば、ほとんどの刑事裁判で有罪になります。かつては山岳事故の刑事裁判で無罪になったケースがありますが、近年は山岳事故に関して起訴（刑事裁判に付す扱い）された事件はすべて有罪になっています。ただし、山岳事故に関する刑事裁判は、すべて執行猶予付きの禁錮刑です。執行猶予というのは、刑の執行を猶予し、一定期間が経過すれば刑の言い渡しがなかったことになる扱いをさします。たとえば、禁錮二年、執行猶予三年という刑は、禁錮刑の言い渡しをしますが刑務所に入る必要はなく、ほかの事件を犯すことなく三年たてば、刑の言い渡しがなかったことになります。

山岳事故の刑事裁判では、二〇〇六年に白馬岳でのツアー登山中にツアー客四人が死亡したケースでも執行猶予付きの禁錮刑になっており、交通事故の刑事裁判に比べれば山岳事故の刑事裁判の刑は明らかに寛大です。交通事故の場合には、四人の死亡事故では初犯（前科がないということ）であってもほぼ確実に実刑判決（刑務所に収容されること）になります。この点は、山岳事故で自然がもたらす危険性を予見することの難しさが、刑の量刑判断に影響しているものと思われます。

事故や紛争が増えれば自然に裁判が増えるものではなく、裁判になるかどうかは、事故の態様、事故の関係者の対処の仕方や経済的事情、保険制度、司法制度、検察庁の方針などに左右されます。事故の関係者が民事裁判を起こすには、費用や時間がかかるため、日本では裁判を起こしにくいのが現実です。しかし、刑事裁判は検察庁の方針次第で起訴する事件数が増えます。日本全体の弁護士の数は増えていますが、弁護士が増えれば裁判が増えるということではありません（日本全体の裁判の数は減っています）。

2 どういう場合に責任が生じるのか

友人同士の登山

山岳事故が起きれば、あらゆる場合に責任が生じるのではないかという不安を持つ人がいますが、法的な責任が生じる場合は限られます。友人同士の登山で事故が起きても、通常は損害賠償責任や刑事責任は生じません。

たとえば、友人と一緒に山歩きをしている時に、友人が登山道から転落する事故が起きても、パーティを組んでいた友人に法的な責任は生じません。転落した人が初心者であり、そばにいた人が熟練者だったとしても同じです。熟練者は友人が転落しないように危険な箇所で援助すべきですが、それは法的な義務ではありません。実際問題として、転落するかどうかは本人の注意力次第であり、熟練者が友人を常にロープで確保しない限り、転落を防ぐのは難しいことが多いでしょう。平坦な稜線ではロープで確保しても、熟練した山岳ガイドでない限り一緒に転落するだけのことが多いでしょう。登山道から転落しないように歩くことは本人の自己責任であって、友人がその安全を守る義務を負う事柄ではありません。

友人同士の登山で、途中で一人が先に歩き、遅れた友人が道迷いをして遭難するケースが時々あります。先に下山した友人が帰宅した後で、途中で遅れた友人が下山していないことがわかったというケースもあります。このような場合でも、友人間で一緒に歩くべき法的な注意義務はありません。前述したように、他人の安全を確保すべき注意義務は、山岳ガイドや教師などの特別な立場にある人が負うのであって、友人関係ではこのような注意義務は生じません。友人関係で互いに安全を確保すべき注意義務が生じることになれば、だれも友人と一緒に旅行、釣り、海水浴、ゴルフ、スキーなどに行かなくなるでしょう。

二〇〇九年一二月に、ある登山家が友人と富士山で海外登山のための訓練をし、テントで宿泊中に悪天候に見舞われて危険な状態になり、動けない友人を置いて下山した事件がありました。残された二人の友人が死亡したため、この登山家は世論からひどく非難され、法的責任の有無がマスコミを賑わせました。

当時、私はある新聞社からこの事故に関するコメントを求められ、「友人という関係では、民事責任も刑事責任も生じないだろう」と述べましたが、その新聞社が取り上げたのは「刑事責任は生じないだろう」の部分だけで、民事責任に関する私のコメントはカットされました。その新聞社は、民事責任に関して「責任が発生する可能性もある」という大学の先生のコメントを掲載しました。新聞社は世論の関心を引く記事を書きたかったようです。

法律的には、友人というだけでは互いに安全を確保すべき法律上の義務はないので、先に下山したとしても違法ではありません。友人が動けなくなった場合にそばに付き添ったとしても、悪天候の中で一緒に死亡する可能性が高くなるだけで、友人が助かるわけではありません。動ける者が先に下山して救助を要請するのが一般的な方法であり、この登山家の行動に何も問題はありません。

登山中に友人のカメラで撮影をしようとして、カメラを落として壊せば損害賠償責任が生じます。これは友人間でも損害賠償責任が生じる例です。これは、友人の安全を確保する注意義務がなくても、友人の所有物を壊してはならないという注意義務があるからです。

友人同士の登山でも、例外的に安全確保義務が生じる場合があります。雪山の登山経験がなく、アイゼンをつけて歩いたことがない人を、熟練者が「俺がついているから大丈夫」と積極的に誘って冬の穂高岳で登山をし、初心者の友人が初めてのアイゼン歩行で転倒して滑落した場合には、熟練者に法的責任が生じる可能性があります（通常、このような無謀なことはだれもしないと思います）。この場合には、熟練者は積極的にガイド的な立場を引き受けており、安全確保義務が生じる可能性があります。このケースでは、事故の被害者は冬山の危険がわかっていたはずであり、被害者にも落ち度があるので、大幅な過失相殺がなされるはずです。過失相殺とは、事故に関して被害者に落ち度がある場合に損害額を減額することをいいます。

このように、通常では考えられないような無謀な行動をすれば、友人同士の間でも損害賠償責任が生じる場合がありますが、そのような例外的なケースを考え出すと切りがありません。よほど常識はずれの無謀なことをしない限り、友人間では法的責任は生じないと考えておけば足ります。

山岳会やハイキングクラブでの事故

山岳会やハイキングクラブは、山に登ることを目的に個人が集まって作られた組織であり、会員は対等の関係にあります。登山パーティの参加者間で、リーダーとサブリーダーなどの役割分担、パーティの装備の準備、自動車の共同使用、食料の共同購入、経費の分担などをすることがあり、委任に準じた契約関係が成立することがありますが（契約関係は口頭の合意で成立します）、それが安全を確保する義務を生じさせることはありません。

登山中に何も問題が起きなければ、法律は不要ですが、トラブルが生じると法的な処理が必要になります。登山中のトラブルは山岳事故

谷川岳の遭難者のレリーフ

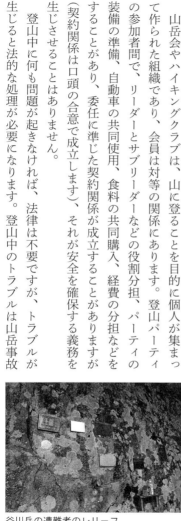

だけではありません。山岳会の山行で共同使用した自動車が雪道でスリップする自損事故が時々あり、損害をどのように扱うかが問題になります。登山パーティで使用したテントやロープが破損した場合も法的な処理が必要になります。これらに備えて、事前に取り決めをしておけば、その合意が有効です。問題が生じた後に関係者が合意すれば、合意が有効です。そのような合意がなければ、過失によって他人のもの（ここでは自動車、テント、ロープ）を壊せば、壊した者に損害賠償責任があります。

山岳会やハイキングクラブの登山では、参加メンバーに法的な安全確保義務は生じません。山岳会やハイキングクラブの会員同士の間で、互いに安全確保義務が生じることになれば、山岳会やハイキングクラブが成り立たないでしょう。

この点は、登山パーティのリーダーも同じです。登山パーティのリーダーは特別な地位にあり、リーダーにパーティの安全を守る法的な義務があると勘違いする人がいます。企業や役所などの組織では、リーダーはほかの職員を統括する権限を与えられ、ほかの職員とは異なる義務を負います。しかし、山岳会などのパーティのリーダーは法的に特別な地位になく、あくまで参加者を事実上とりまとめる役割を持つだけです。登山パーティによっては、そのパーティの中でもっとも経験のある人がリーダーをするとは限らず、登山経験の少ない人が世話係としてリーダーを務める場合もあります。リーダーはパーティのとりまとめ役なのでだれがなってもかまいません。ハイキングなどではリーダーを会員の順番制にする会もあるでしょう。クライミングなどではリーダーを決めない場合もあります。

山岳会の登山で責任が生じる場合

例外的に、山岳会の登山パーティで損害賠償責任が生じたケースがあります。これは、一九八五年に、山岳会のメンバー二人が東京近郊のゲレンデ（岩登りの練習場）となっている岩場で岩登りをしていた時に起きた事故であり、民事裁判になりました。岩登りの経験者が、高さ七メートルの岩場の上で初心者をロープで確保して岩登りの練習をしました。確保とは、ロープを使用して、岩場を登る人が滑落した場合に落下距離を最小限にとどめるためのロープの操作方法をいいます。

初心者が岩場を登っている時に、上で確保している経験者が初心者に「手を離してごらん」と言いました。これは、「ロープの安心性を理解させるため」だったようですが、初心者は驚いて、「冗談でしょう」と言いました。しかし、なおも経験者が手を離すように指示したので、初心者が岩から手を離してロープに体重をかけたところ、経験者が確保に失敗して初心者が地面に衝突し、重い後遺症を伴う傷害を負いました。

経験者が確保に失敗したのは、経験者が予想していた以上の体重がロープにかかったためのようですが、それ以上に問題なのは、経験者が腰がらみで確保していた点です。腰がらみによる確保は、ロープを腰の周囲に回し、クライマーが滑落した時にロープを手で握って制動をかける方法ですが、確保方法としては確実ではありません。雪山の縦走などで確実な確保支点がとれない場所では、腰がらみによる確保が用いられることがありますが（傾斜の緩い雪山では、雪とロープの接触による制動力が大きい）、ゲレンデでの岩登りでは、通常、腰がらみによる確保はしません。

このケースでは、適切に確保をしていれば、想定外の荷重がロープにかかったとしてもクライマーがグラウンドフォール（地面まで落下すること）することはありません。腰がらみという不確実な確保方法を用いたことが事故に大きく影響していますが、裁判ではこの点は問題にされていません（その理由は不明です）。しかし、裁判所は確保の失敗の過失を認定し、確保者に高額な損害賠償を命じました。

このケースはゲレンデでの岩登りで、ロープで確保中の事故であり、常識を逸脱した方法で確保をして事故が起きたケースです。今まで、このケース以外に山岳会などの登山に関する裁判例は

ゲレンデでの岩登り

ありません。クライミングの場合には、ロープで確保するという特殊性があり、この点については、後述します（「クライミング特有の問題」参照）。それを除けば、山岳会などの登山では、よほど重大なミスのある事故でなければ、法的責任が問題にならないと考えておけばよいでしょう。

公募登山での事故の責任

最近、山岳会、ハイキングクラブ、山岳連盟などが公募登山、公開登山などの名称で、会員外の参加者を募集する登山が増えています。これは会員を増やすことや会の宣伝の目的で実施することが多いようです。

山岳会の山行では、通常、会員間に互いに安全を確保すべき法律上の注意義務はありませんが、公募登山は、会員外の人を対象とするので、会員同士の関係を超える法律関係が生じます。公募登山では参加者に「安全に連れていってもらえる」という期待が生じやすく、主催者やリーダーに安全確保義務が生じます。

たとえ非営利のハイキングであっても、公募登山で交通費などの参加費を徴収すれば、商業的なツアー登山との違いは単に参加費の金額の違いでしかありません。安上がりのツアーのつもりで公募登山に参加する参加者がいないわけではありません。ハイキングクラブなどが、参加者の輸送や宿泊の手配をして公募登山を実施し、それを定期的に実施するには旅行業の登録が必要になります。ただし、一回だけそのような公募登山を実施する場合には継続的な事業とはいえず、旅行業とはいえません。山岳会やハイキングクラブはもともと会員が登山を行なうために作られた組織ですが、継続的に公募登山を実施すれば、本来の「趣味的活動の団体」ではなく、それらを超えた事業団体としての性格を持つことになります。

公募登山のリーダーは、山岳会の山行と違って、事故を防止するために法的な安全配慮義務が生じる可能性があります。公募登山では参加者に「安全に連れていってもらえる」という期待が生じやすく、それが公募登山の参加契約（これは口頭でも成立します）に反映しやすいからです。公募登山のリーダーがどの程度の注意義務を負うかは、現実に事故が起きた後に、具体的なケースに応じて考えることになります。これに関する裁判例はありません。公募登山はリスクの低い登山を実施することが多いので、ほとんど事故が起きていませんが、公募登山で事故が起きれば、世論から強い非難を受けることは避けられません。

公募登山中の事故に備えて、山岳会やハイキングクラブは賠償責任保険に加入する必要があります。ただし、個人賠償責任保険は事業に適用がないため、公募登山を継続的に実施する場合には、リーダーに個人賠償責任保険が適用されない可能性があります。その場合には、個人賠償責任保険ではなく事業者用の賠償責任保険に加入する必要がありますが、保険料が個人賠償責任保険よりも高くなります（賠償責任保険については後述します）。

また、公募登山の参加者に「事故が起きても一切責任を問いません」という免責同意書に署名させることが多いのですが、後述するようにこのような免責同意書は無効です。

公募登山を実施する場合のリスクマネジメントとしては、登山の対象をリスクの低い山やコースにすることが重要です。公募登山のリーダーの能力を高めるという方法もありますが、多数の参加者を引率する登山では、かなり能力のある引率者でも多数の参加者の安全を管理するには困難が伴い、ささいなことでミスを犯すことがあるからです。

クライミング特有の問題

岩登りなどのクライミングをする場合には、法律的に山歩きと異なる問題があります。山歩きの場合は、友人同士や山岳会などの登山で仲間が登山道から転落することを積極的に防ぐ手段がほとんどありませんが、クライミングでは、ボルダリング（高さのない岩などでのロープを使用しない岩登り）などを除き、通常、ロープを使って仲間を確保します。確保は、クライマーが墜落した場合に落下距離を最小限にするためのロープの操作方法をさし、ビレイともいいます。確保によって、クライミングでは仲間の転落や滑落による損害を最小限に抑えることが可能になります。

山歩きでは、友人の転落を積極的に防止すべき義務はありませんが、ロープを使うクライミングでは、確保の合意が確保者に積極的に友人の安全を確保すべき注意義務をもたらす場合があります。ロープを使用して確保する合意は、事故が起きないように注意をするという内容を含むからです。

友人同士や山岳会などでのクライミングでは、人工壁やゲレンデで、次のようなミスがあれば損害賠償責任が生じる可能性があります。

・クライミングの経験者が支点を設置して確保を行なったが、支点の設置ミスにより事故が起きた場合。
・確保者が脇見をしたために、クライマーの確保に失敗した場合。
・経験のあるクライマーが確保器の操作を間違えて、クライマーの確保に失敗した場合。
・確保者が、クライマーがセルフビレイ（自分が落下しないように自分の体を支点に結びつけること）をしたと勘違いして、確保を解除したことによる墜落事故。

日本ではクライミング中の事故の裁判例としては前記の一件しかありませんが（「山岳会の登山で責任が生じる場合」参照）、欧米では人工壁での事故に関する裁判例が多数あります。たとえば、オランダでは人工壁でのクライミングで、確保者がほかの人に気をとられて確保を怠り、クライマーが落下して死亡した事故について、確保者が刑事裁判で有罪判決を受けたケースがあり、ベルギーでは人工壁で、クライマーがルートの終了点でセルフビレイをしたと考えて確保者が確保を解除したため、クライマーが落下して負傷した事故について、裁判所が確保者に損害賠償を命じたケースなどがあります。日本では、スポーツクライミングがオリンピック種目になって以降、人工壁でのクライミング人口が増えており、今後、人工壁での事故が裁判の対象になるケースが生じることが予想されます。

これに対し、高山の岩場でのクライミングでは、クライマー間に確保の合意のあることは同じですが、人工壁やゲレンデと違って、疲労や自然条件の厳しさから、確実な確保が期待できない場合があり、クライマーの注意義務が軽減されます。その典型は冬のアルパインクライミングであり、そこでは確実な確保支点があるとは限らず、厳しい寒さの中で手袋をしてロープの操作をしなければならず、人工壁やゲレンデのように確実な確保ができる保障がありません。そのようなリスクを承認したうえで、冬のアルパインクライミングを行なうので、確保の合意に基づく注意義務が問題になる場面はほとんどないと思われます。

剱岳での岩登り

人工壁やゲレンデで行なうスポーツクライミングでは、フォール（墜落）しても事故が起きないことが期待されますが、高山で行なうアルパインクライミングでは、クライ

登山形態と安全確保義務の関係

<table>
<tr><th colspan="2">1. 友人・山岳会での登山（自主登山）</th></tr>
<tr><td>⑴山歩き（縦走、ハイキング）</td><td>原則として安全確保義務なし。</td></tr>
<tr><td rowspan="2">⑵クライミング</td><td>①人工壁・ゲレンデ　ロープを使用すれば、確保者に安全確保義務がある。</td></tr>
<tr><td>②高山の岩場　ロープを使用しても、確保者の安全確保義務が現実化しにくい。</td></tr>
<tr><td>⑶沢登り、雪山登山</td><td>ロープを使用しても、確保者の安全確保義務が現実化しにくい。</td></tr>
<tr><th colspan="2">2. ツアー登山、ガイド登山、公募型の登山・講習、学校登山（引率登山）</th></tr>
<tr><td colspan="2">山歩き、クライミングを問わず、引率者に安全確保義務が生じる。</td></tr>
</table>

マーは絶対に滑落しないことが原則であり、クライマーの自己責任の範囲が広くなります。欧米でも、高山の岩壁での事故の裁判はほとんどないようです。

以上の説明は、友人同士、山岳会などでのクライミングに関するものです。ロープを使用する確保では、友人同士、山岳会などでの登山であっても、登山仲間に安全確保義務が生じる場合があるということです。前記の「山岳会の登山で責任が生じる場合」で述べた岩登り中の事故のケースは山岳会の登山での事故ですが、ロープを使用した確保中の事故だったことが注意義務違反が認定された大きな理由になっています。

これに対し、ガイド登山・講習会などの場合には、山歩きであろうとクライミングであろうと、ロープ使用の有無に関係なく、ガイドやインストラクターに安全確保義務が生じます。この関係は、上の表のようになります。

このように、登山形態の違い、ロープ使用の有無、自主登山と引率登山で、安全確保義務のあり方が違います。ロープを使用しない自主登山がもっとも安全確保義務と無縁です。単独での縦走登山やロープを使用しないボルダリングは法的責任と無縁です。

ツアーガイドが負う注意義務

日本では、江戸時代から富士山、立山、白山などで宗教的な集団登山が行なわれており、戦前も旅行の延長としての集団登山がさかんでした。戦前から全国に多数の旅行団体があり、旅行の延長として集団登山が行なわれていました。それらの集団登山は世話役が引率することが多く、これらはツアー登山の原型といえるでしょう。

ツアー登山という言葉の意味はあいまいですが、多数の客を引率する商業的な山歩きの意味で使用されることが多いようです。輸送、宿泊の手配などをツアー会社が行なう旅行の延長としての登山（旅行業の登録が必要）が典型ですが、輸送、宿泊の手配などを伴わない商業的な引率登山（旅行業の登録が不要）もツアー登山と呼ばれています。旅行業者ではない山岳ガイドが引率する登山がその例です。山岳ガイドが少数の客を引率して行なうクライミングや冬山登山は、ツアー登山ではなく、ガイド登山と呼ぶことが多いようです。

ガイド登山やツアー登山では、引率するガイドに客の安全を確保する義務があります。これはガイド登山やツアー登山を実施する際の契約内容に、ガイドが客の安全を確保する内容が含まれていると考えられるからです。この契約は、書面を交わさなくても、口頭での合意で成立します。

ツアー登山中の事故の例として、南八ヶ岳の縦走登山中の事故があります。これは一九七八年に文化団体が主催したツアーリーダー一人、参加者三〇人のツアー登山で、横岳付近の岩稜で被害者が滑落して死亡しました。時期は四月末であり、事故現場付近の積雪は約一メートルでした。

被害者は軽アイゼンを持参していましたが、それまでに軽アイゼン（爪の数が四本のもの）やアイゼン（爪の数が一〇本～一二本あるもの）の使用経験はありませんでした。事故当時、被害者が軽アイゼンを装着していたかどうかは、判決文からはわかりません。仮に被害者が軽アイゼンを装着していたとしても、雪のある岩稜は軽アイゼンでは不十分です。軽アイゼンとアイゼンの違いは爪の本数ですが、軽アイゼンには爪が四本しかなく、つま先部分に爪がありません。岩場では登山靴のつま先を使うことが多いので、つま先に爪のない軽アイゼンは、急な雪面や岩稜ではほとんど役に立ちません。軽アイゼンは傾斜の緩い雪道や雪渓などに向いています。

また、被害者はそれまでにアイゼン等の使用経験がなかったので、アイゼンを使用すればアイゼンの爪を岩に引っ掛けて転落する危険がありました。アイゼンを靴に装着して歩くことに慣れていない人は、雪のある南八ヶ岳の岩稜を歩くべきではありません。

裁判所は、ツアーガイドは岩稜の安全な通過方法を指示する義務があったとして、ツアーガイドや主催団体に損害賠償を命じました。もともと被害者の登山経験や技術では、残雪期の南八ヶ岳の縦走は無理でした。残雪期の南八ヶ岳の縦走をするには、アイゼンを装着した雪山経験や、無積雪期の岩稜登山の経験のあることが必要です。主催者やツアーリーダーはガイドの数を増やし（山岳ガイド一人では大人数の参加者の安全管理はできない）、三〇人の集団ではなく、少人数のパーティに分け、危険箇所ではロープで確保するなどの安全管理をすべきでした。残雪期の南八ヶ岳の縦走は、三〇人の集団のツアー登山の対象としては無謀です。

商業的なツアー登山の事故の事例

商業的な引率登山が増えたのは、一九八〇年代以降になってからです。一九九九年九月に、北海道の羊蹄山で、旅行会社主催のツアー登山中に、悪天候のために二人の客が死亡する事故が起きました。事故当日は台風が通過した直後で、暴風・大雨洪水警報が出ていました。事故のあった日は雨が降っており、風速毎秒一〇～一五メートルの風が吹き、山頂付近の視界は一〇～三〇メートルでした。

この登山パーティは、ツアーガイド一人、参加者一四人であり、客三人が途中で脱落して下山し、四人が集団から遅れました。ツアーガイドはほかの七人の客と一緒に先頭集団を形成して登頂しましたが、遅れた客のうち三人が山頂付近でビバークし、そのうち二人の客が低体温症で死亡しました。

ツアーガイドは業務上過失致死罪で起訴され、執行猶予付きの有罪判決を受けました（民事裁判では、旅行会社が損害賠償金を支払う内容の和解が成立しました）。裁判所は判決の中で、ツアーガイドにツアー客の安全かつ円滑な旅行の実施を確保する義務があり、九合目付近でツアー客が自集団に合流するのを待ち、その安全をはかるべき注意義務があったと述べています。

このケースでは、天候が悪く、客の脱落や遅れなどの状況があったので、登山の途中で中止する判断をすることはそれほど難しいことではありませんでした。しかし、山頂を目前にすれば、だれでも無理をしがちです。仲間同士の登山でもそのために遭難するケースが少なくないのですが、それを抑えて適切な決断をするのが、ガイドの役割です。

二〇〇六年一〇月に、祖母谷《ばばだに》温泉から白馬岳をめざしたツアー登山で、冬型の気圧配置となり暴風雪のために山頂小屋の近くで四人の客が死亡する事故が起きました。このパーティはガイド二人、客五人という構成であり、旅行会社が主催するツアーではなく、山岳ガイドが引率した登山です。この登山では事前に天気が悪いことはわかっていましたが、事故当日、風速二〇メートル近い強風と降雪があり、それがガイドの予想を超えるものだったため、事故が起きました。

裁判所は、事前に収集可能な情報を収集し、天候が悪化して生命、身体に危険が及ぶと予見される場合には、登山を中止するなどの適切な措置をとる義務があるとして、損害賠償責任を認めました。刑事裁判でも、ガイドが執行猶予付きの有罪判決を受けました。

この登山では、ツアーガイドは事前にある程度の悪天候を予想していましたが、パーティのメンバーがかなりの経験者だったので「大丈夫」だと考えていたようです。しかし、想定以上の強風と風雪に見舞われ、事故が起きました。羊蹄山の事故は強風が吹き荒れる中での登山を強行したケースですが、白馬岳の事故は、小雨程度の天候の中での登山中に突然の暴風雪に襲われたケースです。事故の予見可能性の有無が争われましたが、裁判所は民事裁判でも刑事裁判でも事故の予見可能性を認めました。

二〇〇九年七月に北海道の旭岳からトムラウシ山を縦走するツアー登山中に八人が死亡する事故が起きましたが、強風が吹き荒れる悪天候の中で無理な行動をしたことが遭難につながりました。下山後の帰りの飛行機に間に合わせるためには、その日、どうしても下山しなければならなかったという事情が無理な行動につながったようです。悪天候の中で行動し、その悪天候が遭難につながった場合には、事故の予見可能性は簡単に認められます。

一般に、悪天候の程度はさまざまです。数日間の日程で登山をす

トムラウシ山の遭難場所付近。悪天時には吹きさらしの厳しい状況になる

る場合には、すべて晴天ということはなく、必ず天候が悪い日があります。数日間の登山日程のうち少しでも悪天候が予想される場合に登山を中止するとすれば、数日間の日程の登山ができなくなります。客が悪天候に対応できるかどうかは、その人の体力、技術、判断力、年齢などによって大きな違いがあります。

裁判所は、事故が起きた後に事故が予見可能だったかどうかを判断するので、現実に重大事故が起き、事前に多少の悪天候が予想されていた場合には、民事裁判、刑事裁判のいずれでも、事故の予見可能性を認める傾向があります。予見可能性の判断はある種の法的な価値判断であり、高度の安全性が要請される場面で重大な事故が起きた場合には、事故の予見可能性が広く判断される傾向があります。

ツアーガイドには、事故を予見可能な場合には事故を防ぎ、ツアー客の安全を確保する義務があります。過去のツアー登山中の事故の裁判例は、すべて悪天候時の遭難のケースであり、天候の判断はツアーガイドにとってもっとも重要な仕事の一つです。事前に天候に関するさまざまな情報を集め、悪天候への対処を検討する必要があります。悪天候が事故につながる可能性がある場合には、早い段階で登山を中止することが賢明です。

ツアー登山で法的責任を回避するために必要なこと

仲間同士の登山では、天候が悪くなることが予想される場合に、登山を中止することもあれば、中止しないこともあります。

ツアー登山では、天気予報で少しでも悪天候が予想される場合には、事前に登山を中止すべきかといえばそうではありません。日帰りのツアー登山では、ツアーの途中で天候が悪くなれば登山を中止して下山すればよいし、数日の日程のツアー登山では、悪天候の場合に避難小屋やテントで停滞できるだけの予備日があれば対処できます。

羊蹄山の遭難のケースでは、日帰り登山なので、途中で登頂を諦めて下山すれば遭難を回避できました。トムラウシ山の遭難のケースでは、事故当日、避難小屋の出発時に相当の悪天候だったので、避難小屋で停滞すれば遭難を回避できました。白馬岳の遭難のケースでは、行動中の突然の暴風雪を回避することは困難なので、入山前に気象情報を収集、分析して、登山を中止すべきでした。もともと一〇月の時期に、祖母谷温泉から白馬岳をめざす登山（さらに日本海まで縦走の計画でした）は、さまざまな好条件がそろわなければ、ツアー登山を実施することが難しい内容です。仮に天候がよかったとしても、コースの長さや五日分の荷物の重量などから、疲労や体調不良によるアクシデントの可能性がありました。中高年の客には、このツアーの内容はかなりのリスクがありました。もし、このツアーの客が若く体力のある男性であれば、全員無事に山小屋にたどり着き、遭難しなかったと思われます。トムラウシ山の遭難のケースでも、登山パーティが六人程度の若者で構成されていれば遭難しなかったでしょう（遭難時に遭難パーティを追い越した六人パーティがいます）。ツアー登山は中高年登山者で構成されることが多く、パーティの形態にリスクがあるので、登山のコースや日程をリスクの低いものに抑えることが必要です。日本のツアー登山は、コース、日程の点で、無理をする傾向があります。

仲間同士の登山とツアー登山では、リスクに対する考え方が異なります。仲間同士の登山では「どの程度のリスクを冒すか」を考えますが、ツアー登山では「できるだけリスクを冒さない」という考え方になります。ツアー登山では、リスクを冒して結果的に事故が起きれば、ツアーガイドが法的責任を負う可能性が高いからです。

ヨーロッパ・アルプスでは、日本のツアー登山に相当する登山はハイキングですが、ハイキングは危険性の低い登山内容になっています。ヨーロッパアルプスでは、山頂まで登る登山はクライミングであり、日本的なツアー登山の対象ではありません。欧米の引率型のハイキングでは、通常、一日の行動時間に余裕があり、事故が起きにくいコースを対象とします。欧米のクライミングのガイド登山では、客の登るペースが遅ければ途中で下山させることが多いようです（そのため、日本人客から苦情が出ることもあるそうです）。

日本のツアー登山は、山頂に登り、高山を縦走するので、内容的にリスクの低い登山もあれば、リスクの高い登山もあります。高山の縦走は天候がよければ快適なハイキングですが、天候が悪ければリスクの高い登山に変わります。この点は最初に述べたように、日本語の登山の範囲が広く、リスクのある山歩きがツアーの対象になってしまうことが関係しています。

しかも、ツアー登山は強行日程で短期間に多くのピークを踏む傾向があり、これは休暇日数の少ない日本人の旅行パターンに応じたものです。さらに、日本のツアーガイドはサービス精神が旺盛で、多少の悪天候でも「登頂をしたい」という客の要望に応えようとする傾向があり、結果的に無理をして登山のスケジュールを遂行する傾向があります。ツアー登山中の事故のほとんどがどこかで無理をしています。二〇〇九年のトムラウシ山遭難では、その日のうちに下山しなければ帰りの飛行機に間に合わないという事情のために、ガイドが無理をしたのだと思われます。

欧米の引率型のハイキングは「がんばる」よりも「楽しむ」考え方が強いのですが、日本のツアー登山では、「あくまで登山であり、登山はがんばるべきもの」と考える傾向があります。しかし、ツアー登山で事故が起きれば、ツアー客に大きな落ち度がない限りガ

ツアーなどの大人数の集団登山ではメンバーの体力にばらつきがある

イドの責任が認められやすいので、ツアー登山の内容をリスクの低いものにすることがもっとも有効なリスク回避の方法になります。ツアー登山の内容をリスクの低いものにすれば、事故がほとんど起きないので、法的責任が生じません。

ツアー登山では、参加者の中でもっとも力の劣る人が余裕を持って行動できる行程とし、登山が予定どおり遂行できない場合にはエスケープするか、途中で下山することが必要です。一〇人のツアー登山で、もっともペースの遅い人に合わせて行動すれば、ほかの九人はペースが遅すぎると感じるでしょう。しかし、ツアーはレジャーであり、「楽しむ」ものなので、そういうものです。もし一〇人中真ん中くらいの力の人を基準にしたペースで歩けば、パーティの半分の人は登山内容をきついと感じ、もっとも力の弱い人に事故のリスクが高くなります。体力の限界に近い行動をすれば、疲労から転倒、転落、体調不良、持病の悪化などが生じる可能性があります。

ニュージーランドのミルフォードトラックでのトレッキングは、日本の整備されたやさしい登山道を歩く登山のイメージに近いのですが、ここでのツアーは四泊五日でかなり長い距離を歩きます。途中にエスケープルートがなく、峠越えでは夏でも雪が降ることがあります。しかし、行程にかなり余裕があり、ツアーとしてはかなり「緩い」内容になっています。日本的なツアーの行程にすれば二泊三日で歩けますが、もしミルフォードトラックを二泊三日の行程にすれば、欧米人から「それではこのコースを楽しめないではないか」という苦情が殺到するでしょう。なにしろミルフォードトラックのツアーでは、欧米人の参加者は途中の湖で泳いだり、日光浴をしたり、自由に行動をします（写真A）。彼らは「せっかくの休暇に、歯を食いしばって歩くつもりはない」と言うでしょう。また、このツアーを二泊三日の日本的な行程で実施すれば、中高年の参加者が多く、明らかに普段運動不足の人もいるので、捻挫、転倒、体調不良、心臓疾患によるアクシデントが続出するでしょう。二五人のツアー参加者の中で、先頭と最後尾では二倍くらいの歩行時間の差がありますが、それを「ノープロブレム」として許容する寛容さと大ざっぱさがあります。

日本では、ツアーの先頭と最後尾で二倍の歩行時間の差が生じれば、ツアーガイドはパーティの統率がとれていないとして、「リーダー失格」と言われそうです。ミルフォードトラックでは、ツアー客は定員制の快適な山小屋で十分な休養をとり、日本の山小屋のような「すし詰め」や避難小屋の「場所取り」の問題は生じません（山小屋とは別に避難小屋がありますが、避難小屋は非常時しか使いません）。ミルフォードトラックの余裕だらけの日程は、日本では「無駄の多いツアー」とみなされますが、欧米では珍しいものではありません。

日本でも、多くの引率型のハイキングは余裕のある日程で、リスクの低いコースを対象にしています。小学校で行なう遠足登山、自治体

写真Ａ　水浴びする登山者

などが主催する市民ハイキング、エコツアーなどは、コースや行程のリスクが低く、ほとんど事故が起きません。しかし、日本百名山登頂ツアーなどは、無理をしがちな内容であり、そのようなリスクのある登山を繰り返していれば、運が悪ければ重大な事故が起きます。

前記の二〇〇九年に事故が起きたトムラウシ山でのツアーは、一日の歩行時間が長く、もともと日程に余裕がないので、悪天候でも日程を消化しなければ帰りの飛行機に間に合わないことが想定されていました。このツアーで事故を起こしたツアー会社は、事故の後でも低価格のツアー料金の点で多くの登山者に根強い人気がありました（この会社は、その後、中国の万里の長城でのツアー登山でも事故を起こして、倒産しました）。自由競争のもとで、「安く効率のよいツアー」に人気が集まりますが、それが多くのツアー登山中の事故につながっています。

だれでもミスを犯す可能性がありますが、たとえミスを犯しても、ツアー登山の日程やコースなどがリスクの低いものであれば、重大な事故はほとんど起きません。また、無理をしないことが判断ミスを防ぐことにつながります。ツアー登山はリスクの低い内容にすること、無理をしないこと

リスクの低いエコツアー。こうしたツアーでは事故が起きにくい

が、事故と法的責任を回避するために必要です。

講習会のインストラクターが負う注意義務

登山講習会には、初心者を対象とする講習会もあれば、山岳ガイドを養成するための講習会、救助技術の講習会、雪崩講習会などさまざまなものがあります。一般に講習会ではインストラクターに一定の注意義務がありますが、屋内での講習会では安全管理がしやすく、自然の中で行なわれる講習会では事故が起きやすいという違いがあります。

一般に、公募型の講習会では講習が安全に実施されることに対する受講者の期待があるので、講習会で事故が起きれば、受講者の大きなミスによる事故でない限りインストラクターの注意義務違反が認められやすい傾向があります。

一九八九年三月に、初心者である高校生や教師を対象にした自治体主催の雪山登山講習会が五竜岳遠見尾根で実施され、雪崩により受講者である教師が死亡する事故が起きました。スキーゲレンデの近くの斜面で受講者らがワカンをつけてラッセル（雪をかき分けて進むこと）をしている時に雪崩が起き、五人が雪崩に埋没し、一人が亡くなりました。

裁判所は、雪上訓練を行なう場合には、インストラクターは事前に訓練場所の地形、積雪状況、現場付近の天候等について十分に調査し、雪崩が発生する危険性を判断して、雪崩事故を回避すべき注意義務があったと述べ、講習会のインストラクターらの過失を認定しました。国家賠償法の規定により、公務員であるインストラクターに損害賠償責任はなく、その雇用者である自治体に損害賠償責任が生じました。公務員個人が損害賠償責任を負うとすれば、公務員の仕事が萎縮してしまうので、法律で原則として公務員は損害賠償責任を負わない扱いをしています。

一般に、ある程度の新雪があるほうがラッセル訓練に適しており、急斜面のほうが滑落停止（ピッケルを使用して雪面での滑落を止める方法）などの講習効果が上がります。しかし、ラッセル訓練に適した新雪のある斜面は雪崩の危険があり、滑落停止に適した急斜面は滑落事故の危険があります（写真A）。初心者を対象とする定着型の講習では、事故が起きれば、受講者に重大な過失がない限り、インストラクターに安全管理義務違反が認められることが多くなります。登山講習には移動型と定着型があり、移動型は縦走登山などであり、定着型は特定の場所で講習を実施する場合をさします。定着型の講習では講習場所の安全管理をしやすいので、注意義務違反が認定されやすくなります。

二〇〇〇年三月に北アルプスの大日岳で行なわれた文部省登山研修所（現国立登山研修所）の研修会で、雪庇が崩落して二人の研修生が死亡する事故が起きました。裁判所は、インストラクターに事前に雪庇の大きさを調査する義務があり、雪庇の吹きだまり部分に進入してはならない注意義務があったと判断し、インストラクターの過失を認めて国の損害賠償責任を認めました。研修生の中には冬山の未経験者も含まれていたので、インストラクターに重い注意義務が認定されました。この事故は、五竜岳遠見尾根事故のケースと異なり、移動型の講習中の事故です。移動型の講習には講習の安全管理の難しさがあり、定着型の講習よりも事故が起きやすく、事故が起きればインストラクターの過失が認定されることが多くなります。

そのほかに、山岳連盟主催の救助訓練中に支点が崩壊した事故に関して裁判になり、主催者らの責任が認められたケースがあります。

二〇一七年三月の栃木県那須での高校の山岳部員を対象とする雪山講習で八人が死亡する事故が起きましたが、学校の山岳部の活動は教育活動の一部とされており、インストラクターに重い安全確保義務が生じます（コラム「那須の雪崩事故について」参照）。

一般に、公募型の講習会では安全性が重視されます。これは、公募型の講習では、受講者が参加申し込みをする時に事故が起きるリスクが想定されていないからです。新雪の多い急な斜面や、今にも滑落しそうな急な斜面のほうが実践的な訓練に適していますが、そのような場所での訓練は事故のリスクがあります。そのようなリスクを伴う実

写真Ａ　急な雪面での滑落停止の講習

践的な講習は、山岳会などで自己責任を前提とする自主登山として行なうことが望まれます。

通常、講習会での事故は、事故の予見が難しい場合に起きます。事故を予見できれば、事故の回避措置をとるからです。しかし、裁判所は事故が起きた後に判断するので、講習会で事故が起きれば、不可抗力の事故でない限り事故が予見可能だったと判断する傾向があります。

一般に、講習会は時間が限られ、講習会で実施できる内容に限界があります。雪の状態や山の地形は千差万別であり、何年もかけてさまざまな山を登らなければ登山の技術、経験は身につきません。クライミングでも、数回程度のクライミング講習で身につく技術は知れています。クライミング講習では、ロープの操作方法やトップロープでの講習が中心になり、リード形式のクライミングは初心者を対象とする公募型の講習で実施することは難しいでしょう。登山技術や経験の習得には何年もの時間がかかるのですが、受講者は短期間の講習で多くのことを身につけたいと考え、インストラクターも受講者の期待に応えようとします。それが講習会での事故のリスクを高めることがあり、登山講習会では、「講習でできることに限界がある」という割り切りが必要です。

タイヤを使った確保講習

山岳会の内部で行なわれる会員を対象とする講習会は、それぞれの会員の自己責任に基づく講習になります。山岳会の定例山行、訓練、合宿などの中でも講習が行なわれることがあり、登山と講習会を厳密に区別するのは無理です。ただし、前記のとおり、ゲレンデでのロープを使用するクライミング講習では確保者に安全確保義務が生じる場合があります。これはロープを使用して安全確保することから生じる注意義務です。

以上のように、公募型の講習会と、山岳会などで行なう自己責任に基づく講習会では、法的な注意義務が異なります。

登山教室で生じる注意義務

最近、登山教室という形態の登山が増えており、登山教室でも事故が起きていますが、裁判例はありません。登山講習会ではなく登山教室という名称を使用するのは、受講者が主体的に学ぶという趣旨があるようですが、自主登山と引率登山の区別があいまいになりがちです。

登山教室でも参加者を公募して引率する形態の登山であれば、インストラクターに参加者の安全確保義務が生じます。山岳連盟が実施する登山教室の中には、山岳連盟に加盟する山岳会の会員を対象とする形態や、参加者を公募するが受講者を固定して一年間継続して講習を実施する形態などがあります。それぞれの実態に応じて、インストラクターの注意義務の内容を検討することになります。

二〇一〇年に埼玉県で実施された山岳連盟主催の沢登り教室で、受講者が滑落、溺死する事故が起きました。これは公募型の登山教室であり、インストラクターに一定の注意義務がありますが、事故の原因は、固定ロープが設置された岩壁のトラバースで受講者が足を滑らせた点にあったようです。ロープで確保していれば事故を防ぐことができましたが、一般論としては、固定ロープが設置された場所でインストラクターがさらにロープで確保すべき注意義務があるとはいえません。初心者であっても、子どもや高齢者でなければ、固定ロープをつかんで登ることが十分可能だからです。ただし、受講者が疲労困憊しているなど、滑落する可能性を具体的に予見できる場合には、インストラクターにロープで確保すべき注意義務が生じます。

この点は、登山道にハシゴや鎖が設置されている場合に、原則としてツアーガイドやインストラクターがツアー客をロープで確保する義務がないことに似ています。鎖のある場所で登山者が鎖から手を離せば重大な事故になりますが、整備された登山道では、子どもや高齢者でない限り、登山者が鎖をつかんで登降すれば事故が起きないことが期待できるからです。登山道のハシゴについても同じです。

ただし、ツアー客が鎖から手を離して転落することが具体的に予想できる場合には、ツアーガイドなどにロープで確保すべき注意義務が生じます。たとえば、剱岳の別山尾根でツアー客が岩場で何度も足を踏み外して転落しかけた状況があれば、ツアーガイドは鎖場でツアー客をロープで確保すべき注意義務が生じます。この点は、講習会のインストラクターにも当てはまります。

二〇一一年七月に中国地方の大山（一七二九メートル）で、山岳連盟主催の登山教室（参加者三〇人、インストラクター五人）で登山中に一人の受講者が行方不明になりました。この受講者はトイレに行くためにパーティから離れたのですが、パーティが分散していたため、その人がいないまま進み、下山後にその受講者がいないことがわかりました。その受講者はパーティを追いかけようとしてルートを間違え、遭難しました。この受講者は地図を持っていましたが、現在地がわからず、沢を下降して滝から落ちてケガをしました。幸いなことに、この受講者は二日後に発見され、ヘリで救助されました。死亡事故にならなかったのは、単に運がよかっただけです。

仲間同士の登山では、登山ルートから外れて道迷いをしても自己責任ですが、登山教室ではインストラクターに一定の注意義務があります。この登山教室は公募した参加者が一年間継続して受講する形態であり、受講者に一定の登山経験がありました。受講者がケガをしたのは危険な沢を無理に下降したためであり、受講者が迷った場所で動かなければケガをすることなく、比較的早く発見、救助されたはずです。したがって、法律的には、受講者が置き去りになった点にインストラクターの注意義務違反がありますが、受講者がケガをした点にインストラクターの責任はありません。

ボランティア活動で生じる注意義務

ボランティア団体が、「冒険学校」などの名称で、子どもを対象にハイキングや沢登りを実施することがあります。また、子ども会などで野外活動やハイキングをすることがあり、これはボランティア活動です。山岳連盟が実施する公募登山や講習会もボランティアですが、日本ではボランティア活動は福祉、教育、災害復旧などの活動のイメージが強く、子どもを対象とする登山はボランティア活動ですが、成人を対象とする登山はボランティア活動のイメージに含まれないようです。日本語の「ボランティア」の意味はあいまいです。ボランティア活動は無償の場合もありますが、交通費や参加費を徴収する有償の場合もあります。

「善意で行なったことは責任が生じない」と考える人がいますが、ボランティア活動であっても、引率型の登山では引率者に参加者の安全確保義務が生じます。「連れていってあげる」という関係が契約内容（口頭の合意でもよい）になる場合には、それが安全確保義務につながります。子どもを対象とする登山学校や冒険学校、子ども会主催のハイキングなどがそれに該当します。

本来のボランティア活動は自発的なものですが、日本では仕方なく引き受ける「義務的なボランティア活動」が多く、この場合に事故が起きると、世論は事故の加害者に同情する傾向があります。子ども会、自治会、ＰＴＡなどの活動が「義務的なボランティア活動」の例です。

一九七六年に、子ども会が主催した川原遊びで水難事故が起き、裁判になったケースがあります。子ども会の役員が目を離した間に九歳の小学生が川で溺死した事故ですが、当時の世論は、裁判を起こした被害者を非難し、事故の加害者とされた子ども会の役員に同情しました。子ども会の役員は、裁判で損害賠償責任が認定されました。子ども会役員の刑事責任も問われ、一審で有罪になりましたが、控訴審で無罪になりました。控訴審で無罪になったのは、世論が被告人である子ども会の役員に同情したことと無関係ではありません。

しかし、それから約三〇年後に起きたボランティア団体が主催する子どもを対象とするスキー教室中に起きた事故では、世論は事故を起こしたボランティア団体を厳しく非難しました。このスキー教室は「義務的なボランティア活動」ではなく、「自発的なボランティア活動」でした。裁判で、ボランティア団体とその役員が損害賠償責任と刑事責任を負いました。

日本では「義務的なボランティア活動」は称賛されますが、アウトドア活動に関する「自発的なボランティア活動」はあまり評価されず、事故が起きれば世論が厳しく非難する傾向があります。アウトドア活動は「遊び」であり、ボランティアでのアウトドア活動は「余計なことをする」と考える人が多いようです。

世論の動向に関係なく、引率型のボランティア活動では引率者に注意義務が生じますが、世論の動向は裁判に影響します。特にボランティア活動中の事故を刑事事件として起訴するかどうかの検察官の判断は、世論に大きく左右されます。

今まで述べた山岳団体や文化団体主催の非営利的な登山中の事故を除けば、ボランティア活動として行なわれた登山中の事故の裁判例はありませんが、ボランティア活動がさかんになれば、今後、裁判の対象になるケースが増えることが予想されます。

本来のボランティア活動は自発性に基づく行動であり、そこではボランティア活動で生じる責任を含めて自発的に引き受ける性格があります。しかし、子ども会、自治会、PTAなどの「義務的ボランティア活動」は仕方なく引き受けるので、「仕方なく引き受けたのに、責任まで負わせられるのはおかしい」という意見が出ます。ボランティア活動では「責任を持てなければ引き受けない」ことが必要です。

登山は常に事故のリスクがあるので、リスクに対処できる自信がなければ、引率登山のリーダーを引き受けるべきではありません。もし引き受けるのであれば、事故が起きないように登山内容をリスクの低いものにし、無理をしないことが必要です。また、ボランティア活動では賠償責任保険に加入することが必要です。

自治会、子ども会、PTA、観光団体、スポーツ団体、ボランティア団体などの活動では、事故が起きることをまったく想定しないことが多く、事故が起きると団体の内外で大騒動になります。実行委員会形式で実施した花火大会で事故が起きた場合なども同じです。実行委員会自体が責任の所在があいまいな形態であるうえに、事故が起きることをまったく想定していないので大混乱です。事故が起き、損害賠償責任が生じたために、解散せざるをえなくなった体育協会もあります。

なお、人命救助活動などをボランティアで行なう時に事故が起きた場合には、故意や重大な過失がある場合にのみ責任が生じます。これは、「緊急事務管理」と呼ばれます。法律用語の「事務管理」は義務のないことを行なうことをさし（日常用語の事務とは関係ありません）、人命などへの危険が迫っている場合が緊急事務管理です。これについては「ボランティアでの捜索、救助活動」の項で述べます。

実行委員会が主催する登山

しばしばハイキングなどの主催者が、「〇〇ハイキング実行委員会」になっていることがあります。ハイキングの主催者の名称を気に留める人は多くないと思いますが、事故、トラブル、未払金などが生じた時に、だれが主催者であるかが重要な問題になります。登山に限らず、観光イベントなどで主催者を実行委員会の形態にすることが多いのですが、実行委員会でイベントを行なう場合には、責任主体があいまいになりやすいという問題があります。ものごとがうまくいく場合には法律は必要はありませんが、うまくいかない場合に法律が必要になり、ものごとがうまくいかない場合に備えて対処するのがリスクマネジメントです。

実行委員会で実施する公募型のハイキングは、法律的には無償のツアー登山やボランティア団体主催の公募登山と同じく、引率者に参加者の安全確保義務が生じます。ただし、通常、この種のハイキングはリスクの低い登山であり、めったに事故が起きません。また、たとえ事故が起きたとしても転倒事故などの軽症の事故であり、参加者の自己責任の範囲であることが多いと思われます。しかし、最近、トレイルランニングの大会などがこの実行委員会方式で実施されており、トレイルランニングはハイキングと違って事故の危険性が高いので、リスクマネジメントが重要な課題になります。トライアスロン、ヨット、カヤック、自転車などの大会を実行委員会で実施する場合も同じです。事故だけでなく、イベントが赤字で終わった場合には、借金をだれがどのように負担するのかという問題が生じます。

実行委員会に規約や財産があり、団体としての性格（団体性）が認められれば実行委員会が責任を負いますが、実行委員会はそのイベントを実施するために一時的に結成されることが多く、団体性が認められないことが多いでしょう。この場合には、実行委員が共同で責任を負うことになります。共同で責任を負うという意味は、たとえば一〇〇〇万円の損害賠償金や借金について、実行委員が五人いれば、実行委員一人の最終的な負担額が二〇〇万円になるという意味です。実行委員会方式で自転車走行のイベントを開催して事故が起き、裁判所が実行委員長個人の損害賠償責任を認めたケースがあります。これは実行委員会が団体性を有しなかった場合です。

自治体が実行委員会に資金を提供し、実行委員会の事務局を市役所内に置いて、市の職員が実行委員を兼ねる場合には、市の事業とみなされ、自治体が損害賠償責任を負う場合があります。実行委員会や自治体の責任とは別に、ハイキングのリーダーも注意義務や損害賠償責任を負います。

公募型のハイキング等を実施する場合には、実行委員会の関係者は損害賠償責任保険に加入することが必要です。登山に関する事例はありませんが、実行委員会で実施した花火大会での事故、自転車のレースでの事故、トライアスロン大会での事故などがあります。事故を想定していない場合には損害賠償責任保険にも加入していないので、想定外の事故に関係者や組織が大混乱します。また、赤字で終わる観光イベントでは、借金は保険でカバーされないので、借金の後始末をめぐって関係団体と個人の間で責任の押しつけ合いがなされます。

無報酬で「義務的ボランティア」として仕方なく引き受けた実行委員、あるいは名前だけの実行委員も多いので、「実行委員が損害賠償責任を負うかもしれない」ことを聞けば、実行委員になる人が減るかもしれません。

本来、イベントは責任主体を明確にして行なうべきであり、そのほうが参加者も安心できます。実行委員会形式でイベントを行なうことは法律的にあいまいであり、望ましい形態ではありません。「○○協議会」なども同じです。実行委員会はイベントが終われば解散するので、問題が起きた時に関係者や市民からの批判をかわしやすいという面があります。また、責任主体のあいまいさが、自治体からの補助金の不明朗な処理などにつながりやすい面があります。

実行委員会方式には二つの場合があります。自治体や観光協会、山岳団体、企業などのスポンサーが、実質的に実行委員会を支えている場合と、個人の有志が集まって実行委員会を結成する場合です。前者の場合には、事前にスポンサー団体が損害賠償や借金の後始末をすることを決めておく必要があります。後者の場合には、実行委員個人が責任を負うことを確認する必要がありま す。実行委員として名前を出す以上は、責任を負うことを覚悟すべきであり、名前を「貸す」ことは、すべきではありません。

学校登山で生じる注意義務

学校行事としての登山は戦前から行なわれており、多くの事故が起きています。学校登山での大量遭難事故としては、一九一三年に中央アルプスで高等小学校の集団登山中に暴風に遭い、参加者三七人中一一人が死亡した事故が有名です。この事故は、新田次郎の小説『聖職の碑』のモデルになっています。また、一九六七年に北アルプスでの高校の集団登山中に、落雷により参加者五五人中一一人が死亡する事故が起きました。そのほかにも、学校関係の山岳事故は何件も起きています。

学校登山では、引率する教師に児童、生徒の安全を確保すべき注意義務があります。教師に注意義務違反がある場合、教師が公務員であれば、原則として教師個人は損害賠償責任を負わず、教師を雇用する自治体が損害賠償責任を負います（国家賠償法）。私立学校の教師の場合は、教師と学校（学校法人）が共同で損害賠償責任を負います。

ツアー登山ではツアーガイドは登山の専門家ですが、学校の教師は通常は登山の専門家ではありません。そのため、学校登山の対象は登山の素人でも引率できるような山に限る必要がありす。ところが、山歩きはすべて「だれでも可能」と考えがちであり、ここに落とし穴があります。「だれでも可能な登山」は「だれでも引率可能な登山」とみなされ、リスクマネジメントとしては、「教師が注意をすればよい」と考える傾向があります。

高山の縦走でも、天気がよく、生徒の体調がよく、運がよければ事故は起きませんが、少しでも不運が重なれば事故が起きる可能性があります。天気がよすぎれば熱中症や落雷のリスクがあり、集団登山では歩くペースが集団に合わない生徒が必ずいます。したがって、学校登山ではリスクの低い山やコースを対象にし、無理をしないことが必要です。リスクのある山やコースを対象に集団登山をすれば、どんなに教師が注意していても、運が悪ければ事故が起きることがあります。

アウトドア関係の学校事故としては、一九五五年に中学校の海での水泳訓練中に生徒三六人が溺死した事故や、一九六六年にキャンプ場内の中州で中学校のキャンプ中に増水した川に流されて、教師と生徒八人が溺死した事故などがあります。これらの事故は、学校では集団行動をするために、自然のリスクの中では教師のささいな判断ミスが大量遭難事故につながることを示しています。

小学校の遠足登山では、通常、リスクの低い山やコースを対象にするので、めったに重大事故が起きず、事故が起きても引率教師の責任が認められることはまれです。小学校の遠足登山中に、五年生の児童が登山道上にある石につまずいて谷に転落して死亡した事故について、裁判所は引率教師の注意義務違反を否定しました。この遠足では、児童九三名を教師四名が引率していましたが、このように児童数が多ければ、教師が十分な児童の監視をするのは無理です。したがって、教師が注意するかどうかに関係なく、児童が自分の力で登ることができる山やコースを対象にする必要があります。

裁判所は、この登山は、小学校五年生であれば転落することなく歩くことができるコースだったと判断し、引率教師の注意義務違反を否定しましたが、仮に被害者が小学校一年生や二年生であれば、裁判所は引率教師の注意義務違反を認めた可能性があります。

このケースでは、事故を防止する観点からいえば、登山道に「転落すれば死亡する箇所」があれば、そこに教師を配置するなどして、児童を指導する必要がありました。そのような箇所が登山道にたくさんあれば、それは遠足登山の対象としてふさわしくありません。たとえ学校に法的責任が生じなくても、学校登山での事故を防ぐためには、もっとリスクの低い山を対象にする必要があります。

高校生は、ある程度自分で危険性を判断して行動する能力があるので、高校の教師が負う注意義務は、生徒が自分で一応安全な行動ができる前提のものになります。教師が引率せず高校生だけで実施された学校登山中に生徒が落石を受けて死亡したケースで、裁判所は、高校三年生は成人に近い判断力があるとして、教師の注意義務違反を否定しました。

学校では、野外活動や登山がもたらす教育的効果が期待されますが、そのためにはある程度継続的に実施することが必要です。一、二回程度の登山の教育的効果は一時的なものだという研究者の指摘もあります。したがって、学校行事ではリスクのある登山を実施すべきではなく、リスクの低い登山で教育的効果を追求する工夫が必要です。中学生や高校生が三〇〇〇メートルの山に登れば達成感がありますが、それを学校登山で実施するには、一定のリスク、困難、努力が伴い、その割には教育的効果が一時的なもので終わる可能性があります。低山での登山では達成感は少ないかもしれませんが、工夫次第で教育的効果を実現することが可能です。

学校行事は、本質的に義務的な性格があり、登山で「がんばる」ことは、自発的に行なってこそ意味があります。「がんばる」ことを強制しても、マイナスの効果しかありません。この点でも、学校行事として参加を義務づける登山は、だれでも楽しめるリスクの低い登山にするほかないと思われます。生徒の有志が学校外で自発的に登山をすれば（これは自主登山です）、大きな教育的効果を期待できます。

学校のクラブ活動としての登山で生じる注意義務

学校のクラブ活動としての登山も、学校の教育活動の一部であり、学校や教師に生徒の安全を確保すべき注意義務があります。学校行事としての登山と学校のクラブ活動としての登山の違いは、学校行事としての登山は、生徒の参加が義務であり学校が直接安全管理しますが、学校のクラブ活動は生徒の参加は義務ではなく、生徒の自主的な活動の性格がある点です。そのため、学校行事では教師が負う注意義務が重く、クラブ活動では教師の注意義務の範囲が限られます。

学校のクラブの顧問は「ボランティア的な職務」というあいまいな法的性格があります。そのため、学校の教師はクラブの顧問を引き受ける義務はありませんが、引き受ければ職務になります。また、クラブの顧問の教師はクラブ活動に立ち会う義務はありませんが、立ち会えば教師が負担する注意義務が重くなります。

学校のクラブ活動としての登山は、顧問の教師が引率する場合もありますが、教師が引率せず生徒だけで実施する場合もあります。学校のクラブ活動では、顧問の教師が登山を引率すれば教師の注意義務が重くなるので、生徒だけで登山をする傾向が生じ、かえってリスクが高くなるというジレンマがあります。教師が引率しない場合には、教師は事前に登山内容や訓練の内容が適切なものかどうかを判断し、指導すべき注意義務があります。

一九八三年に、高校の山岳部の沢登り中に、増水した沢で高校一年生の部員が徒渉に失敗して溺死した事故について、裁判所は顧問教師の注意義務違反を否定しました。この登山は教師が引率していない登山であり、この沢のレベルは初級でしたが、前日の雨で増水した沢で登山を強行したことが事故につながりました。事故の直接の原因は、初心者である被害者の生徒が相当疲労していたために沢で転倒し、流されたことにあります。この事故については、顧問教師が引率していないので教師の登山中の安全確保義務違反は問題になりません。顧問教師には事前に計画内容をチェックする注意義務がありますが、計画書の段階では事故は予見できませんでした。顧問の教師に登山経験がなければ、計画書を適切にチェックするのは無理です。登山時にリーダーや登山に参加していた上級生が適切な判断をしていればこの事故は起きていませんが、リーダーや上級生に法的な安全確保義務はありません。

野球やサッカーなどのほかのクラブ活動と違って、沢登りなどの登山はもともとリスクがあり、このケースはもともと事故のリスクのある登山でした。整備された登山道を歩く登山であれば、生徒だけのパーティでもそれほどリスクはありませんが、沢登り、冬山、岩登り、バリエーションルートの山歩きなどは、高校生のリーダーでは技術、経験が足りないことが多いでしょう。リーダーが高校三年生の場合、リーダーの経験は二年あまりしかないので、自然がもたらすさまざまなリスクの経験としては不十分です。

危険性のある登山を生徒だけで実施するのは無理な場合があり、適切な指導者が必要です。しかし、冬山、クライミング、バリエーションルートの山歩きの安全管理のできる教師が多くないという問題があります。教師にこれらの登山の安全管理ができるだけの経験、技術がなければ、教師が指導するのは無理です。サッカーや野球などでも、学校によっては競技の素人の教師がクラブの顧問をしますが、それだけでは事故は起きません。しかし、登山の場合には、クラブの顧問の教師が登山の素人であれば、生徒だけでリスクのある行動をすることがあります。

高校の山岳部の顧問の教師が引率する登山での事故の例として、夕張山地の芦別岳（一七二六メートル）での事故があります。高校の山岳部の顧問の教師が六人の山岳部員を引率して登山中に、登山ルートを間違えて傾斜が五七度の岩場に直面し、そこを強引に登ろうとして二人の生徒が滑落して死亡しました。引率教師は岩場を登る際、「無理ではないか」と考えたのですが、先頭を登る生徒が「平気だ」と言い、生徒の判断にまかせたことが事故につながりました。引率教師は事故のあった箇所を「危険だとは感じなかった」と述べていますが、そこは「二メートル足らずの少しオーバーハング気味の岩場」であり、谷底から三〇〇メートルくらいの高度のある場所でした。その箇所が危険であることを認識するには技術、経験が必要であり、結果からいえば、引率教師はそれが十分ではありませんでした。

このケースでは、教師が生徒の判断にまかせたことが事故につながりましたが、生徒らは岩登りの経験がなかったので、危険性の程度を的確に判断できるだけの技術、経験が欠けていました。教師には事故が起きないように登山を安全管理する注意義務がありますが、引率した教師にそれができるだけの登山の技術、経験がなかったように思われます。この事故の刑事裁判で（民事責任については不明）、引率教師は罰金の有罪判決になりましたが、二人の生徒が死亡したのに罰金刑の判決は非常に寛大です。これが交通事故であれば、二人が死亡すれば通常は初犯の場合でも実刑判決になります。この事故は一九五二年の事故ですが、現在であれば罰金ではなく、執行猶予付きの禁錮刑になると思われます。

同じく、教師が引率していた登山中での事故として、一九七七年に高等専門学校の山岳部の中央アルプスでの登山中に雪崩のために七人が死亡したケースがあります。裁判所は、雪崩の危険のある雪山の斜面をトラバースした点について引率教師の注意義務違反を認め、自治体の損害賠償責任を認定しました。

また、七月に朝日連峰の大朝日岳（一八七一メートル）で、教師が引率する高校山岳部の登山中に生徒が熱中症で倒れて死亡する事故があり、裁判所は引率教師が現場で冷却処置を行なっただけで、翌朝まで医療機関に搬送するなどしなかった点に注意義務違反を認め、損害賠償責任を認定しました。これは一九九四年の事故ですが、同じ大朝日岳では、一九六七年四月にも、教師が引率する高校山岳部の登山で生徒三人が低体温症で死亡する事故が起きています。この事故は、みぞれから吹雪に変わる悪天候の中で登山を強行した結果起きましたが、刑事裁判で裁判所は注意義務違反を認定できるだけの証明がないとして、引率教師を無罪にしました。しかし、一九六七年当時と現在では過失事故に対する世論と裁判所の対応が異なり、現在であればこの事故は有罪になると思われます。

クラブ活動としての登山でも、学校登山と同様に無理をする傾向があります。サッカーや野球などの場合には、炎天下で練習をしても水分補給や日陰で休憩をしやすく、熱中症になれば救急車を呼ぶことができます。しかし、炎天下の登山では、登山中に持参した水がなくなったり、休憩に適した日陰がなかったり、時間的な制約から十分な休憩がとれないことがあります。また、登山中に熱中症になっても救急車を呼ぶことはできません。風や地形の関係でヘリコプターによる救助ができない場合や、山域によって携帯電話が通じない場合もあります。サッカーや野球などでは、夏の炎天下でも安全管理ができる前提で練習や試合を行なっていますが、登山では同じ考え方をすることはできません。したがって、登山ではサッカーや野球などのような「無理」はできません。

前記のとおり、国は通達で、高校生の冬山登山を原則として禁止していますが、これは高校のクラブ活動に対し、「安全であること」を求める国民の期待を反映したものです。冬山登山だけでなく、炎天下の登山や沢歩きなどでもリスクがあるので、無理をすべきではありません。

前にも触れましたが、二〇一七年に栃木県那須で雪山登山講習中、雪崩により生徒ら八人が亡くなる事故が起きました。これは「冬山ではなく、春山である」という考え方のもとに、雪山講習が長年行なわれてきたようです。国の通達に違反するかどうかに関係なく、教師が引率する雪山登山で雪崩事故が起きれば、ほとんどの場合に引率教師に注意義務違反が認められると思われます。

学校内に適切な指導者がいない場合には、外部の専門家にクラブの指導を委託するか、教師が指導できる範囲でクラブ活動を行なうほかありません。顧問の教師が指導できる範囲を超える登山をすると事故が起きやすいのですが、問題点となるのは登山のレベルやリスクを客観的に判断しにくいという点です。「登山歴〇〇年」というだけでは、教師が指導できる登山の範囲は何もわかりません。その点がよくわからなければ「自重する」「無理をしない」ことが、リスクマネジメントになります。

中学生や高校生はリスクのある登山ができないということではありません。日本でも欧米でも、一〇代でエベレストに登ったり、ヨットで世界一周をしたり、危険なスポーツやレジャーをしている人はいくらでもいます。ただし、それらを学校の活動として行なう国は先進国にはないはずです。日本ではあまりにも多くのことを学校に期待する傾向があり、それが多くの問題（事故以外の問題を含めて）をもたらしています。リスクのある登山は、学校ではなく、学校外の自主登山として行なう必要があります。この場合には、登山のリスクに対して責任を負うのは、親などの生徒の保護者です。

大学での登山で生じる注意義務

大学についても、学校に関して述べたことが当てはまるのですが、大きく異なる点があります。それは大学生は心身の面で成熟しており、大人に近い扱いがなされるという点です。しばしば「何歳から大人か」という議論がなされますが、日常用語でいう大人とは別に、法律的にはそれぞれの場面で扱いが異なります。民法の成人年齢は二〇歳ですが（二〇一七年現在。今後、一八歳に引き下げ予定）、これは親の同意なしにクレジットで購入したり、借金のできる年齢を意味します。事故を回避できる能力については、裁判所は一八歳くらいから大人に近い扱いをする傾向があります。

大学では、大学の実習として行なわれる登山とクラブ活動としての登山があります。大学の実習として行なわれる登山は大学の活動の一部なので、大学や教師に学生の安全を確保する注意義務が生じます。大学の正課授業としての登山に関する裁判例はありませんが、大学でのスキー実習中の事故について引率教師が刑事裁判で有罪になったケースがあります。これは大学でのスキー実習中にスキー場のコース外で雪崩事故に遭い、二人の学生が亡くなった事故です。

これに対し、大学の山岳部やハイキングサークルで行なわれる登山は、学生の自主的な活動の性格が強く、大学の安全管理義務は重いものではありません。学生の活動が明らかに危険であって、事故が起きることが予測され、事前に大学がそれを把握している場合には、大学や教師は適切に学生の活動を指導すべき注意義務を負いますが、そうでなければ学生の自律的な判断と行動にゆだねられます。大学が大学のクラブ活動に関して安全管理義務を負う範囲は限られます。そのため、今までに裁判で大学のクラブ活動として行なわれた登山について、大学の法的責任が認められたケースはありません。

一月に北アルプスの涸沢岳西尾根を登山中の大学山岳部のパーティで、大学生が滑落して死亡した事故があります。傾斜が約四五度の岩の混じった雪の斜面を下降中に滑落した事故でしたが、裁判所は大学の安全管理義務違反を否定しました。大学の山岳部の活動は学生の自主的な活動として行なわれており、そこでは学生の自律的な判断が重視されます。涸沢岳西尾根（写真A）で事故が起きたということは、このパーティがこのルートを登るには未熟だったことになりますが、事前に大学が、このパーティが涸沢岳西尾根を登るには未熟であることを認識

写真Ａ　冬の涸沢岳西尾根

し、事故を予見することはほとんど不可能です。傾斜が約四五度の雪の斜面は、その時の状態によって歩きやすい場合もあれば、スリップしやすい場合もあります。登山では山の状況に応じて臨機応変に対処することが求められ、危険性の程度はその時々で異なります。また、大学の教師はプロの登山家ではないので、登山に関する専門的な指導をするのは無理です。

この裁判では、このパーティのリーダーも被告になりましたが、裁判所はリーダーの安全確保義務を否定しました。この点は、高校山岳部の生徒のリーダーや、山岳会パーティのリーダーが法的な安全確保義務を負わないのと同じです。これらの仲間同士の関係は、法的には対等の関係にあります。かつての大学の山岳部では、リーダーや上級生と下級生の関係に強い上下関係があったため、リーダーが特別な地位にあると考える人がいましたが、法律的にはそうではありません。

日本では大学生を「一人前ではない」者として扱う風潮があり、大学生を保護の対象として見る傾向があります。最近は大学生に対する大学や親の管理がいっそう強まり、大学生に対する管理が高校生と大差ない大学も増えています。このような状況から、大学山岳部の登山で事故が起きれば「大学が事故を起こした」として大学を非難する世論が生じやすいのですが、法的には原則として大学に責任は生じません。大学生を大人として扱うのが世界の趨勢であり、大学生に関する法律の考え方を前提にしたうえで、賢明な安全管理をすることが必要です。

大学山岳部に限ったことではありませんが、自分のレベルを超える登山をした時に事故のリスクが高くなり、リスクの判断を間違えると事故が起きます。冬山は年によってかなり差がありますが、大学で経験できるのはわずか三〜四シーズンです。大学での在学期間が限られていること、大学生は体力に比べて技術、経験が伴わないことが多いこと、大学生が「背伸び」しがちであること、大学山岳部が同質的・閉鎖的集団になりやすいことなどは、事故をもたらしやすい要因です。大学山岳部でも社会人山岳会でも、閉鎖的な集団の中では自分のレベルを客観視できず、「お山の大将」になりやすいのです。これは、外部の団体との交流や外部の講習会などに参加することで解決できます。また、自然を相手にする活動では、技術、経験を身につけるにはそれなりの年数がかかるので、技術、経験の習得を「あせらないこと」が大切です。

捜索救助活動を法律的に見れば

先進国では公的な救助体制が構築されており、これは事故が「自己責任」かどうかを問いません。海水浴や釣りでの事故、自動車の自損事故、飲酒や喫煙から病気になる人も「自己責任」ですが、突然の事故や急病の場合に救急車を呼ぶことができます。登山も「自己責任」であっても公的な救助活動の対象になります。

山岳事故が起きた場合には、警察や消防などが捜索、救助活動を行ないます。二〇一四年の御嶽山の噴火事故のような大規模な山岳事故では、自衛隊も救助活動に当たります。これらの公的な救助活動は無料です（ただし、前に述べたように、埼玉県の防災ヘリコプターは有料です）。警察や消防などの公的機関の活動を有料にするか無料にするかは政策の問題であり、アメリカでは多くの州で救急車が有料です。

通常、警察や消防などの捜索、救助活動は、生存の見込みがある場合に限られ、一定期間が過ぎれば打ち切られます。それ以降は、遭難者の家族が民間人に依頼して捜索をしてもらうほかありません。民間人の捜索、救助活動は費用がかかりますが、それを補う制度が山岳保険です。山岳保険に加入していれば、保険から一定の範囲の捜索費用などが支給されます。

警察官、消防職員、消防団員などは、職務上の注意義務を負っています。職務上の注意義務と聞くと特別なもののように思われがちですが、あらゆる職業に職務上の注意義務があります。ガソリンスタンドの店員はガソリンがこぼれたり、引火しないようにする注意義務があり、タクシーの運転手は車の走行中に客の安全を守る注意義務があります。営業の仕事をしている会社員は、顧客に損害を与えてはならない注意義務があります。教師や山岳ガイドも職務上の注意義務を負います。職務上の注意義務は当たり前のことなので、普段は意識されず、事件や事故が起きて初めて職務上の注意義務が問題になります。

山岳事故の捜索、救助活動に従事する警察官や消防職員は、捜索、救助活動中に遭難者の安全を守る職務上の注意義務を負います。これは警察官や消防職員が負う職務上の注意義務の一部です。山岳救助活動中に不注意で遭難者を落下させれば、注意義務違反の責任が生じますが、この点は街中で救急隊員が担架を落下させてはならない注意義務を負うのと同じです。

二〇〇九年一月に北海道の積丹岳（一二五五メートル）でスノーボーダーが悪天候のために遭難し、救助活動中に事故が起きたケースがあります。遭難者は山頂付近でビバークし、翌日、警察の救助隊が救助活動中、遭難者を乗せたストレッチャー（担架）の固定が不十分だったために、ストレッチャーが雪の斜面を落下し、遭難者が死亡しました。

裁判所は警察官の注意義務違反を認め、自治体に損害賠償を命じました。これまでも述べてきましたが、公務員に過失があっても原則として公務員個人は損害賠償責任を負わず、代わりに国や自治体が損害賠償責任を負います。公務員が民事責任を免責されるのは職務を遂行しやすくするためです。警察は、山岳救助活動はボランティア的な職務であるとして、注意義務を負わないと主張しましたが、裁判所はこれを認めませんでした。この判決に対し、「命がけで救助活動をする者が責任を負うのはおかしい」という意見もあります。救助者が危険を避けるためにやむをえず行なった行動については、違法性がありませんが、このケースはやむをえず行なったことではなかったというのが、裁判所の判断です。

日本では、山岳事故について専門的な山岳救助組織を設置している自治体は多くありません。街中での救急活動は、全国のどの自治体でも一定の救助能力を確保できていますが、山岳救助活動の場合は、警察、消防の救助能力は自治体によってかなりの差があります。「救助のプロ」を組織する自治体もあれば、救助隊員の登山経験が少ない自治体もあります。スイス、フランス、ドイツなどでは高度な山岳救助技術を持つ救助隊が救助活動に当たりますが、日本ではそれが自治体まかせになっています。専門的な山岳救助隊を組織することは大きな財政的負担になるため、自治体が山岳救助体制を整備することは容易ではありません。この問題は、自治体まかせでは限界があり、国が中心になって制度を整備する必要があります。

登山者の立場でいえば、日本の山岳救助体制を理解したうえで登山をすることが必要です。観光旅行をする場合に、旅行先の自治体による救急体制の違いを意識する必要はありませんが、登山の場合には、自治体による山岳救助体制の違いがあります。外国の山に登る場合も、国による救助体制の違いを意識する必要があります。

ボランティアでの捜索、救助活動

友人、知人、山岳会、大学山岳部の仲間、地元の山岳遭難対策協議会の民間人のメンバーが行なう捜索、救助活動は、警察官や消防職員などと違って職務ではなく、ボランティアによる活動です。

山岳遭難対策協議会の民間人の活動は有償ですが、ボランティア的な活動です。

このようなボランティア活動では、職務上の注意義務はありませんが、まったく注意義務を負わないかというと、そうではありません。遭難者の家族から頼まれて捜索、救助活動を行なえば、「頼まれる」関係から一定の注意義務が生じますが（委任に基づく注意義務）、警察官や消防職員が負う注意義務と違って、かなり明白なミスがない限り法的責任は生じません。

また、たまたま遭難現場に遭遇して救助活動に従事する場合には、事務管理に基づく注意義務を負います。事務管理という言葉はわかりにくいのですが、前述のとおり、日常用語の「事務」とはまったく関係がなく、義務なしに行なう行為をさします。その場合でも、緊急事態ではだれでも慌てやすく、ミスを犯すことが多いので、故意や重大な過失がある場合にだけ法的責任を負うことになっています（これを緊急事務管理といいます）。重大な過失とは、「通常人に要求される程度の相当な注意をしないでも、わずかの注意さえすれば、たやすく違法有害な結果を予見することができた場合であるのに、漫然これを見過ごしたような、ほとんど故意に近い著しい注意欠如の状態」とされています。たとえば、登山道で熱中症で倒れている人を発見した登山者が救助することは事務管理ですが、処置の不手際から助からなかったとしても、通常は重大な過失があるとはいえません。

アメリカやカナダでは、緊急時の救命行為について、「よきサマリア人法」に基づいて損害賠償責任が免責されます。聖書の中で、旅の途上で強盗に遭い道端で倒れている人を、見て見ぬふりをする通行人が多い中で、あるサマリア人は倒れている人を救ったという逸話から、自発的に善行をする人を「よきサマリア人」と呼び、アメリカやカナダではこれを法律のタイトルにしました。なお、「よきサマリア人法」は損害賠償責任を対象にしたものであって、アメリカなどではこのような場合に刑事責任は問題になりません。アメリカやカナダでは、ボランティアでの救命行動をしやすい社会環境があります。

これに対し、日本では「緊急事務管理」の規定はほとんど知られておらず、緊急時の救命行為にミスがあれば刑事責任を問われる可能性があり、そのためにボランティア的な救命行動が萎縮しやすい傾向があります。飛行中の航空機内で乗客が急病になり、ドクターコールがあった場合に、たまたま飛行機に乗っていた医師が名乗り出るかというアンケート調査では、「名乗り出ない」と回答する日本人医師が多いのですが、これは前記のような法的な扱いと無関係ではありません。

緊急事務管理はあくまでボランティアで救助活動をする場合のことであって、仕事として従事する人には適用がありません。警察官や消防職員、教師、山岳ガイド、医師などが仕事として捜索、救助活動に従事する場合には職務上の注意義務を負い、緊急事務管理の対象ではありません。医師、看護師、山岳ガイドなどが、仕事を離れてプライベートに山岳救助の援助をする場合にはボランティア活動であり、緊急事務管理の対象になります。

警察官、消防職員、教師などの公務員が救助活動中に被害を受ければ、公務災害の補償があります。ツアーガイドや山小屋の従業員が救助活動の従事中に被害を受ければ、労働災害の補償があります。しかし、これら以外の人が救助活動に従事して被害を受けても、警察の職務協力者に支給される補償を除けば、公的な補償がありません。遭難者に実費的な経費は請求できますが、損害の補償を請求できません。遭難者の友人、知人、山岳会や大学山岳部の仲間、ＯＢなどは、そのリスクを了解したうえで、自発的に捜索、救助活動に従事します。他方、民間人の山岳救助組織は、まったく面識のない遭難者のために捜索、救助活動に従事し、これは「義務的ボランティア活動」です。民間人の山岳救助組織によっては、補償のために積立金を設けているところがありますが、補償としては十分ではありません。

ボランティアで救助活動に携わる人たちの救助訓練

登山道の整備や山岳団体による講習会、公募ハイキング、環境保護、事故の防止、医療、研究活動などで多くのボランティア的な活動が行なわれており、民間人の山岳救助活動もその一つです。しかし、山岳救助活動は高度な技術を必要とするので、だれでもできるわけではありません。一般の登山者ができる捜索は登山道付近に限られ、専門的な技術、経験のない登山者が、谷、崖、沢、雪山、岩山での捜索、救助活動をすることは危険です。

一般にボランティア活動の対象は、専門的な技術、経験を必要とされない分野であって、専門的な技術、経験を必要とする分野は専門家にゆだねる必要があり、それは多くの場合「仕事」としての扱いが必要になります。たとえば、医療や法律の分野をボランティアで素人が扱うことは危険です。山岳救助活動も専門家によって担われるべき分野です。

日本では専門家が担うべき範囲と素人のボランティア活動の範囲の区別が意識されず、あらゆる活動がボランティア活動の対象になる傾向があります。専門性を要する事柄を素人が「善意」で行なって失敗すると法的な紛争になりやすいので、自分のできる範囲をわきまえて、無理をしないことが必要です。

３ 被害者にならないために

登山者はだれでも事故が起きないように注意していますが、それでも事故が起きます。自然現象は予測できないことが多く、登山では何が起きるかわかりません。都会的な生活様式のもとで、だれでも「こうすれば、ああなる」という感覚に慣れ、現在では田舎でも都会的な生活様式が浸透しています。管理された文明社会では、計算可能、予見可能であることが重視されますが、自然はそうではありません。二〇一四年の御嶽山の噴火事故や大地震、津波、最近の集中豪雨、土砂災害などは、人間がいかに自然をわかっていないかを示しています。そのため、自然の中ではだれでも事故を予想できず、判断ミスを犯しやすいのです。自然の中では謙虚であることや無理をしないことが必要です。

友人や仲間同士の登山や山岳会などの登山は自己責任で行なわれますが、ベテランのリーダーが多数の初心者を連れていく場合や、初心者がリーダーに依存する場合があります。以前、ある山岳会の会員で、何年も登山をしているのに山に地図を持って行ったことがないという女性がいました。その人は「だって、いつもだれかが道を知っているので、私が地図を見る必要がないんですもの」

と言っていました。そういう人は、当てにしている人が遭難すれば一緒に遭難することを自覚する必要があります。

山岳会やハイキングサークルの登山でも、「連れていく」性格が強い場合に事故が起きると、リーダーの責任を問いたくなる傾向が生じます。被害者本人がそのように考えなくても、死亡事故の遺族はリーダーとの面識や信頼関係がないので、リーダーの責任を問題にすることがあります。

事故が起きても、損害を受けた人が当然に「被害者」になるわけではありません。加害者と被害者という関係は、登山形態とそれから生じる関係者の感情によってもたらされます。つまり、「連れていってもらう」性格の強い登山で事故が起き、信頼関係が希薄な場合に、被害者としての感情が生じやすいのです。事故の法的責任が生じない場合でも、被害感情が生じることがあります。初心者がベテランの友人に登山に連れていってもらった場合には、事故が起きても法的責任は生じませんが、事故の被害者の遺族は「リーダーに責任がある」と考えることがあります。

事故の被害感情は単なる気分の問題ではなく、登山形態に大きく左右されます。「自分の命は自分で守る」という形態の登山パーティでは事故が起きにくく、仮に事故が起きても被害感情は生じません。しかし、他人への依存関係の強い登山パーティでは事故が起きやすく、法的責任の有無に関係なく被害感情が生じやすくなります。

自主登山では、たとえ初心者であっても「自分の命は自分で守る」という自覚が必要です。パーティのベテランを当てにしてもよいのですが、他人を当てにすることも自己責任です。初心者は、自分がその登山ができるかどうかよくわからなければ、登山を自重したほうが賢明です。

ガイド登山、ツアー登山、講習登山、学校登山などの引率登山では、引率者に参加者の安全確保義務があります。この点で初心者でもツアーなどの引率登山に参加しやすいのですが、登山では事故が絶対に起きないという保証はありません。たとえば、登山道で転倒して落下すれば、一メートルの段差でも大ケガをします。転落すれば危険な箇所はいたるところにあります。危険な鎖場で鎖から手を離せば命はありません。山で突然大雨が降れば、事故のリスクが高くなります。

もともと、登山は危険なことを行なうので、引率者が注意をしていても事故が起きることがあります。引率登山であっても、登山道を注意して歩くことや自分の体調管理などは参加者の自己責任です。引率登山では、引率者の安全管理義務の範囲と参加者の自己責任の範囲を明確にすることが必要です。この点は、事前に書面や口頭で説明をするだけでなく、引率者と参加者が理解していることが重要です。それができているパーティは事故が起きにくく、円滑に登山ができます。しかし、その点があいまいであれば、事故やトラブルが生じやすくなります。

たとえば、ツアー登山で山頂を目の前にして、天候が悪くツアー客の中に遅れている者がいる場合に、ツアーガイドは登山を中止して下山することを決定できます。もしそれをせずに事故が起きれば、ツアーガイドが注意義務違反の責任を問われます。一九九九年の羊蹄山でのツアー登山中の事故はその例です。この事故は、パーティの中で遅れる者がいたにもかかわらず、ツアーガイドが先行者と一緒に登頂をし、遅れた参加者が道迷いをして遭難死したケースでした。

通常、パーティの中に、悪天候でも登山の可能な者が必ず一人や二人はいます。そのようなツアー客にとって、登頂目前で日本百名山の一つを踏破できないことは納得できないかもしれません。しかし、ツアーである以上、「もっとも弱い者」に合わせてツアーガイドが登山の中止を決めることはやむをえないことです。それを受け入れないツアー客は、ツアーから離脱する自由があるので、ツアーから離脱して一人で山頂に向かうことが可能です(ただし、このようなことはめったにないでしょう)。

4 加害者にならないために

登山のリスクを減らす

山岳事故の法的責任が問題になるのは、もっぱらツアー登山や公募型の講習会などの引率登山の場合です。自主登山で法的責任が問題になる場合は、ゲレンデでのクライミングなどに限られます。山岳事故に関して加害者にならないためには、危険性の高い登山は自主登山の形態で実施し、ツアー登山、ガイド登山、学校登山、講習会などの引率登山を実施する場合には、危険性の低い山域やルートを対象とし、「無理をしない」ことが必要です。このようにすれば事故はめったに起きず、仮に起きても法的責任は生じないことが多いと思います。

小学校の遠足登山で「道を間違えて山の反対側に下山してしまった」などという話は何度か聞いたことがありますが、児童が遭難死する事故はめったに起きません。それはもともと危険性の低い山域で遠足登山を実施しているからです。

冬山講習会を安全確保しやすい場所で実施すれば事故が起きにくく、事故が起きても重大な事故になることを防ぐことができます。ツアー登山では、登山内容に余裕があれば事故はめったに起きません。学校登山でも、クラブ活動でも、リスクの高いことをしなければ事故はめったに起きません。自主登山ではさまざまなリスクを承認したうえで登山をしますが、学校登山や公募型の講習会、ツアー登山などの引率登山では、リスクが低いことが必要です。

自主登山であっても、熟練者が初心者に「連れていってやる」と言って誘うと、初心者が依存し、トラブルが生じやすくなります。そのような登山でも、リスクの低い登山であればめったに事故は起きません。

免責同意書

仮に事故が起きた場合でも法的責任を負わないために、事前に登山の参加者に免責同意書に署名してもらうことが行なわれています。講習会や公募ハイキングなどで、「万一、事故が起きた場合でも、関係者の責任を一切問いません」という文書に署名をするケースがその例です。しかし、このような免責同意書は無効です。「一切の責任を負わない」という条項ではなく、免責の対象を限定した一部免責条項は有効ですが、その場合でも故意または重大な過失による責任を免除する条項は無効です。言いかえれば、故意または重大な過失のある場合を除き、責任の一部を免除する条項は有効です。たとえば、悪天候や交通機関の遅れによる損害について、損害賠償責任を免除する条項などは有効です。

このように免責条項を広い範囲で無効とするのは、消費者が、内容がよくわからないままに事業者から一方的に免責への同意を押しつけられるケースが多いからです。

免責同意書があってもなくても、登山に伴う固有のリスクに基づく事故については、自己責任です。たとえば、登山道で転倒しないように歩くこと、雨具やヘッドランプを持参すること、自分の持病の管理などは免責同意書の有無に関係なく、引率者に注意義務は生じません。一般登山道に設置された鎖場で滑落すれば、通常は登山者の自己責任です。

免責同意書を作成することによって法的責任を回避するのは無理ですが、引率登山の参加者に登山のリスクを自覚させる意味があります。

なお、アメリカやカナダでは免責同意書は一定の範囲で有効とされます。有効とされる範囲は州によって異なり、ケースバイケースです。日本では危険性の説明や免責同意書への署名は法的な効力に乏しく、「形だけ」だと受け止める人が多いのですが、欧米では危険性を伴うツアーが実施されており、そこでの危険性の説明や免責同意書への署名は法的に重要な意味があります。

那須の雪崩事故について

二〇一七年三月に栃木県那須で、高校の山岳部の春山登山講習中に雪崩が発生し、参加者五五人中、八人が死亡し、四〇人が負傷しました。この講習会では三月二七日に茶臼岳（一九一五メートル）への往復登山を予定していましたが、朝、雪が降っていたため、スキー場付近でのラッセル訓練に変更しました。高校生はいくつかの班に分かれ、それぞれ教師が引率しました。

事故当日、スキー場の傍らの樹林帯を登って尾根に出た後、傾斜が約三八度の雪の斜面を登高中に雪崩事故が起きました（写真A）。一般に、樹林帯では雪崩の可能性が低いのですが、樹林のない雪の斜面は雪崩の可能性が高くなります。雪崩のリスクの高い雪の斜面に入ったことが、雪崩事故を招いた大きな要因です。

主催者や引率した教師に生徒の安全を確保すべき注意義務があり、学校（それを運営する自治体）の損害賠償責任や引率教師の刑事責任が問題になっています。このような登山講習会では、講習の対象をリスクの低い内容にすることが必要です。学校が関わる活動では、安全であることに対する国民の期待が大きいので、一般の講習会以上に高い安全性が要求されます。

これに対し、山岳会などで行なう山行や講習会では、参加者である会員の安全を守ることは会

写真Ａ　遭難場所（那須雪崩事故検証委員会報告書より）

員自身が行なうべきであり、リーダーに安全確保義務は生じません。山岳会の講習会は、雪崩や滑落の危険性のある場所で実践的に行なうことがあり、切り傷や骨折などが起きることがありますが、学校関係の講習会ではそのようなリスクを冒すことができません。

三〇年くらい前のことですが、私は冬山で雪崩に遭ったことがあります。雪の斜面を下降する前に弱層テスト（雪崩の可能性の有無を判断するために、雪の断層を調べること）を実施し、その斜面に雪崩の可能性があることがわかりました。そこで、皆で「雪崩の可能性があるので気をつけよう」と言い、下降を開始したところ雪崩が発生し、数十メートル雪崩に流されました。雪崩が発生した時、「やはり、雪崩れたか」と思いましたが、雪崩に対する不安から雪の斜面の端を下降しており、雪崩の端に巻き込まれただけで全員無事でした。結果からいえば、雪崩が発生したので行動しないほうがよかったのですが、雪の斜面の端を下降していたので、雪崩に巻き込まれても雪崩に埋没することはありませんでした。これは自主登山でのリスクのある行動について、斜面の端を下降することでリスクを抑える行動をしたのです。

自主登山では、常にリスクを冒すかどうか、どこまでリスクを冒すかを考えながら行動します。「リスクを冒すべきではない」という意見がありますが、冬山登山やヒマラヤ登山などは、もともとある程度のリスクを冒すことが前提です。これに対し、ツアー登山や学校関係の登山などではリスクを冒さないことが基本方針になります。

那須の雪崩事故のケースでは、引率した教師に冬山経験がありましたが、雪崩の危険性がないと判断したことが事故につながりました。このパーティの行動を見ると、自主登山と引率登山の違いが意識されていないように思われます。樹林のない新雪の斜面が雪崩れるかどうかを判断することは、自主登山での行動形態です。引率登山では、斜面が雪崩れるかどうかの判断をすること自体を避け、新雪のある雪の斜面には入らないという考え方をすべきです。

事故のあった日に全員がスキー場のゲレンデで講習をすれば、事故は起きていません。スキー場のゲレンデでの講習では、生徒は物足りないでしょうが、もともと冬山の技術、経験の習得は何年もかけて行なうべきことであり、一回や二回の講習でできることは知れています。事故のあった斜面でラッセル訓練をしたとしても、そこから得られる経験や技術は「一度だけ新雪の中でラッセルをした」というだけのことです。おそらく教師は、生徒に初めての雪の斜面を体験させたかったのかもしれません。

一般に、講習の主催者やインストラクターは、短期間にできるだけ多くの内容を講習に盛り込みたいと考える傾向があります。特に「学校」「教育」という場では、その傾向が生じやすいように思います。その点は、屋内の安全管理された場面では問題ないのですが、自然の中で実施する登山では、結果的にリスクを冒すことにつながります。引率登山でできることは知れており、リスクのあることは自主登山で行なうべきであるという考え方が必要です。

III

登山リスクとどのように付き合うか

登山のリスクは目に見えない

リスクとは損失を受ける可能性をさしますが、登山のリスクとしては、事故のリスクと法的なリスクがあります。法的なリスクは損害賠償責任や刑事責任だけでなく、法律によって登山が制限され、不利益を受けることも含みます。

事故のリスクには、自然がもたらすリスクと人間がもたらすリスクがあります。自然がもたらすリスクは山の地形、雨、雪、風、気温、標高などがもたらすリスクです。人間がもたらすリスクは人間の知識、体力、技術、判断力などの限界がもたらすリスクです。

たとえば、整備された登山道では、危険箇所があってもほとんどの登山者は転落しません。登山道は、だれでも転落することなく登山者が歩けるようにつくってあります。しかし、まれにそのような場所で転落事故が起きますが、登山者が転落するかどうかは、山の地形だけでなく、登山者のミスが大きく関係しています。

登山道に道迷いをしやすい場所があっても、だれもが道迷いをするわけではありません。特定の登山道に限っていえば、「迷いやすい場所」で道に迷って遭難する人はわずかです。道迷い遭難の原因としては、その場所が「迷いやすい場所」であることだけでなく、登山者のミスが大きく関係しています。登山道の形状は目に見えますが、登山者の判断ミスは目に見えません。つまり、登山者のミスから生じる事故のリスクは目に見えないのです。

「登山にリスクがある」と言うと、「当たり前だ」と言う人が多いのですが、具体的な登山についてリスクを指摘することは嫌われます。事故のリスクを指摘すると、「そんな話は聞きたくない」「登山をするなと言うのか」「私に恨みでもあるのですか」などと言う人もいます。

しかし、そのように言う人でも、現実に事故が起きた後では「事故のリスクのことをもっと真剣に考えておけばよかった」と後悔します。この点は、山岳事故だけでなく交通事故などのあらゆる事故に共通します。

ともすれば、「その登山は安全かどうか」「リスクがあるかどうか」と考えがちですが、リスクは、時、場所、人によって、その程度、内容がさまざまです。たとえば、二〇〇九年にツアー登山中に八人が死亡する事故の起きた大雪山・旭岳からトムラウシ山の縦走路の大部分は、天気さえよければ小学生でも歩けるような道です（写真A）。したがって、「この縦走路は危険ですか」と尋ねられれば「それほど危険ではありません」と答える人が多いでしょう。しかし、事故が起きた時には、一八人のパーティだったこと、風雨が吹き荒れる悪天候だったこと、中高年者が多かったことなどの点で、

写真Ａ　好天であれば歩きやすい旭岳ートムラウシ山の縦走路

非常に危険性の高い状況にありました。

「遭難時の天候が悪く、危険な状態だったから事故が起きた」と考えることは正確ではありません。この時、低体温症で亡くなった参加者がいる一方で、比較的元気だった参加者もいます。また、遭難の直前に遭難パーティを追い越した六人パーティがおり、このパーティは全員無事に下山しました。悪天候がもたらす危険性の程度は、すべての登山者にとって同じではないのです。

現実に存在するものは、崖、岩場、雪の斜面、暴風雨などであって（これらはハザードと呼ばれます）、これは目に見え、肌で感じることが多いのですが、それが直ちに遭難のリスクにはなりません。まったく同じ崖、岩場、雪の斜面、暴風雨のもとで、遭難する人もいれば遭難しない人もいるからです。また、登山のリスクは人によって異なり、その程度は刻々と変化します。同じ登山者でも、疲労すれば事故のリスクが高くなります。事故のリスクの程度は目に見えず、人間が頭で考えて判断しなければわかりません。

法的なリスクも目に見えません。だれでも目に見えることは理解しやすいのですが、登山のリスクは目に見えず、考えなければわからないことが多いのです。

安全そうな登山道でも、天候や体調によってリスクは生じる

登山のリスクマネジメントの中心は、目に見えないリスクの程度をどのようにして判断するかという点にあります。

自然のリスクは変化する

自然がもたらすリスクは、同じルートでも夏と冬で異なるのは当然ですが、一日の中でも天候次第で登山のリスクが大きく変わります。

二〇〇六年一〇月に白馬岳でツアー登山中に四人が死亡した事故では、山小屋までわずかの距離の場所で突然の暴風雪に襲われたことが事故の原因です。このパーティがもう三〇分早く行動していれば暴風雪に遭遇せず、全員無事に山小屋に着いていたと思われます。

登山道が整備された山でも、ところどころに道迷いしやすい場所があり、そのような場所では遭難のリスクが高くなります。整備された登山道でも、手入れがなされずに数年たてば雑草が生い茂り、道迷いしやすくなることがあります。わかりやすい標識が設置されていても、天候が悪ければ見えにくくなります。

登山では、「リスクが変化する」点は重要です。街中の施設や電気製品などの製造物は、基本的に安全に設計されており、リスクが変化することはまれです（ただし、安全な製品でも、使い方を間違えれば危険物に早変わりします）。自然の中は、常に安全性と危険性が変化するので、「安全か、危険か」という二分法の発想では対応できません。その場の状況に応じて臨機応変に危険性の程度を判断することが必要になります。

登山のリスクを考える場合に、二つの場面があります。一つは登山の計画を立てる場面であり、登山ルートのリスクの程度を判断することになります。これはガイドブックや過去の登山記録などを参考に登山のリスクの程度を判断する作業になります。

もう一つは、実際の登山の現場で登山のリスクの程度を判断する場面です。実際の登山では、あらかじめ想定した登山のリスクと異なる状況が出現することが珍しくありません。登山当日の天候、登山道の状態、参加者の体調などは、事前に想定した内容と同じではありません。そのような「現実」に基づいて、リスクの程度を判断することが必要であり、登山のリスクマネジメントとしては、このほうが事前のリスクの予想よりも重要です。

天気が悪ければ標識が見えにくい

二〇一七年の栃木県での高校生の春山講習中の雪崩事故では、事故後に、引率した教師が過去に事故が起きていないので安全だと考えていたという趣旨の発言をしましたが、過去の状況は参考資料でしかなく、事故直前の講習場所のリスクの程度を判断することが必要でした。自然がもたらすリスクは、その時々で異なるからです。

登山では「今まで大丈夫だったから、今回も大丈夫だろう」ではなく、「今まで大丈夫だったから、今回は危ないかもしれない」と考える必要があります。なぜなら、自然の状況は同じ時期でも年によってすべて異なるので、今までとは違う状況が生じる可能性があり、どんな登山でも事故の確率がゼロではないからです。

登山者ひとりひとりのリスクが異なる

登山の危険性、安全性、リスクはひとりひとり異なります。「槍ヶ岳―穂高岳間の縦走路は危なくないですか」と尋ねられても、「人によって違う」と答えるほかありません。この縦走路は岩場が苦手な人には非常に危険ですが、岩場に慣れた人には事故のリスクは低いでしょう。妙義山の縦走路は長い鎖場が多いので、岩場が苦手な人は登るべきではありません（写真A）。この縦走路では、毎年のように重大な事故が起きています。登山経験の長い人でも、岩

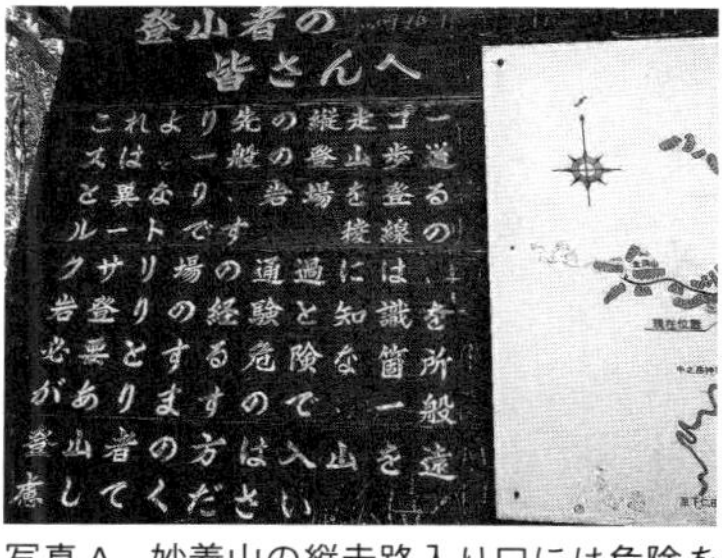

写真Ａ　妙義山の縦走路入り口には危険を示す看板がある

場が苦手な人には危険です。

ひとりひとり登山のリスクが異なるので、リスクを回避する行動もひとりひとり異なります。ある人に当てはまる方法が、ほかの人に当てはまるとは限りません。たとえば、登山中に熱中症になるリスクは個人差が大きく、炎天下で同じように水分補給をしても熱中症になる人とならない人がいます。熱中症対策として「こまめに水分補給をすればよい」というマニュアルを守っても、熱中症になる人がいます。低体温症も、同じ状況下で低体温症になる人とならない人がいます。同じ年齢でも寒さに強い人と弱い人がいます。細い稜線を通る登山道ではどこでも転落するリスクがありますが、転落する人としない人がいます。

登山中の道迷いについても、道迷いしやすい人もいれば道迷いしにくい人もいます。その登山道をどのような登山者が歩くかによって、道迷いのリスクが変わります。初心者が多く利用する登山道では標識の整備が必要ですが、熟練者が歩く登山道では標識は最低限のもので足ります。遊歩道では、どんなに標識を整備しても子どもなどはそれを見落としやすいので、標識を見落としても事故が起きにくい歩道にすることが必要です。登山道を形態別に管理し、初級者用と熟練者用などに分けて標識を整備しなければ、標識の整備に際限がないことになります。

ある人には事故が起きない方法でも、人が違えば当てはまらないことがあります。登山について、一般的な事故防止のノウハウを知ることはもちろん必要なことですが、そのような知識だけでは事故を防ぐことはできません。知識を使って具体的な状況に臨機応変に対処することが必要です。

「臨機応変に対処することが必要である」と述べると、「そんな難しいことはとてもできない」と言う人がいます。しかし、「臨機応変に対処する」のは、それにふさわしい経験を積めば無意識のうちに自然に行なわれます。だれでも日常生活において予想されるリスクに対して、臨機応変に対処しています。たとえば、母親は無意識のうちに赤ん坊の近くに包丁や石油ストーブなどの危険物を置かないようにするはずです。歩道に小さな子どもがいれば、自動車の運転者は無意識のうちに車の速度を落とします。これらについて「そんな難しいことはとてもできない」と言う人はあまりいないでしょう。

登山の危険と日常生活上の危険の違いは、登山が日常生活からかけ離れた世界であり、その危険に接する機会が日常生活の中にはないという点です。登山がもたらす危険に対処するためには、自然や登山がもたらすリスクに関する経験が重要です。いつ、どこで、どのような状況で、どのようなリスクがあるのかを経験することで、リスクに対する応用力がつきます。さまざまな登山道を歩いて迷いかける経験を積み重ねることで、道迷い遭難を防ぐ能力が身につきます。天候の悪い時に自分がどの程度まで行動できるかは、経験を積むことでわかってきます。そのようなリスクへの対処能力を身につけることはだれでも可能ですが、それなりの時間がかかります。

このように言うと、「では、経験の少ない登山者は、登山ができないのか」と言う人がいますが、初心者の場合は無理をせず、自重すればよいのです。初心者、経験者を問わず、自分の技術、経験に応じた登山をすれば事故はめったに起きません。しかし、自分の登山の技術、経験のレベルを客観的に把握することが難しいのです。登山者はだれでも自分の未熟さを自覚しない傾向があります。心理学では、人は自分のレベルを平均以上だと考える傾向が指摘されています。だれでも「他人以下」と見られることが嫌なのです。そのため、多くの登山者が「未熟者」と言われると反発します。自分の未熟さや不十分さを自覚せずに過信すれば、遭難するリスクが高くなります。

一般に、多少の登山経験を積むと、自分の力を過信して、もっと難しい山に登りたくなる傾向があります。いつも単独で登山をしている人は、自分の登山の技術、経験のレベルを客観的に把握することが難しい登山環境にいます。山岳会などに入っている人、友人・知人・職場の同僚などに登山の熟練者がいる人は、自分のレベルを客観視しやすい登山環境にあります。

「ひとりひとり登山のリスクが異なる」と言うと、「そんなことは当たり前だ」と言う人が多いのですが、そのように言う人も「ほかの登山者が事故を起こしていないから、自分も大丈夫だろう」と考える傾向があります。ほかの登山者が事故を起こしていないからといって、自分が事故を起こさない保証はないのですが、「ほかの登山者が事故を起こしていないこと」や、その山での遭難件数が少ないことがもたらすイメージが、何となく安心感をもたらすのです。

「ひとりひとり登山のリスクが異なる」ことから、ツアー登山、講習会、学校登山などでは、登山参加者の中で「もっとも弱い者」を基準にリスクマネジメントをすることが必要です。「もっとも弱い者」が、もっとも事故のリスクが高いからです。しかし、しばしば「平均的な登山者」を基準にリスクマネジメントをすることが多く、それが事故につながることがあります。「もっとも弱い者」を基準にした引率登山では、ほかの参加者は「物足りない」ことになりますが、それは仕方ありません。ツアー登山や学校登山でもっとも体力のない参加者を基準にすると、かなり「緩い登山」になります。

登山道は、登山者のレベルに応じて遊歩道、初級者用、経験者用、熟練者用に形態を分ける必要があります。このように登山道の形態を分けるのは、登山者のリスク回避能力が異なるからです。

日本の登山道は、岩稜などの危険箇所を鎖やハシゴで整備して、「だれでも登ることができる」ように整備することが多いのですが、そのようにして整備した登山道が初級者用かといえば、そうではありません。鎖やハシゴで整備しても、初級者には事故のリスクの高い登山道があります。槍穂縦走路や剱岳の別山尾根などがその例です。しかし、「だれでも登ることができる」ように鎖やハシゴで整備すれば未熟な登山者も登るので、事故が起きやすくなります。

だれもが道迷いをするわけではないように、
人によってリスクは異なる

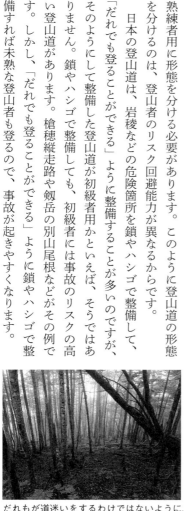

富士山の登山道は、小学生でも登れるように整備されていますが、さらに整備すれば観光客も登るようになり、事故が増えるでしょう。遊歩道にすることも可能です。どこまで整備するかは、「富士山の登山は、どうあるべきか」という理念に左右されます。

前述した妙義山の縦走路は、大量の鎖とハシゴが設置されており、岩場に慣れた登山者向きの登山道になっています。岩場に不慣れな登山者には非常に危険です（写真A）。この縦走路はクライミングルートではないので、クライマーでなければ登れないかというと、そうではありません。鎖場を除けば歩きやすいハイキング道です。クライミングルートではないが、通常の縦走路でもないという登山道のあいまいな形態が、多くの事故をもたらしています。

写真Ａ　妙義山登山道の鎖場

同じ登山道でも、途中で登山道の危険性のレベルが変わることがあります。自治体の観光パンフレットに掲載されているハイキングコースでも、遊歩道からリスクのある登山道までさまざまです。登山者は、自分にとってその登山道が余裕を持って歩くことのできるコースなのかどうかを事前に調べることが必要です。

最近は、インターネットのウェブサイトなどに登山に関する情報があふれていますが、情報の質はさまざまであり、不正確な情報もたくさんあります。それらの情報の中から必要な情報を選択し、自分に合った方法で活用することが必要になります。

自分が特定のコースを登ることができるかどうかを判断するもっとも手軽な方法は、そのコースを登ったことがある熟練者に相談することです。

法的リスクについては「割り切り」が必要

法的な責任や法律の内容は絶対的なものではありません。国と時代が違えば、法的な責任や法律の内容が変わります。数十年単位で考えれば、法律とその解釈は変わります。戦前は、国や自治体はたとえ過失があっても損害賠償責任を負わない仕組みでした。一九〇二年に八甲田山で陸軍の訓練中に一九九人が死亡した事故は、明治以降の日本で最大の山岳遭難ですが、民事責任や刑事責任は問われていません。

かつては、山岳事故の刑事責任が不起訴になることが多かったのですが、最近は起訴されるケースが増えています。また、以前は自然公園内の岩壁で自由に岩登りができましたが、最近は、観光地にある岩壁に岩登り用の支点を設置すれば、自然保護法違反に問われることがあります。

裁判所の過失の認定の仕方は、数十年単位で見れば変化します。三〇年前には起訴されなかった事故が現在では起訴され、有罪になっています。似た事故でも、検察庁や裁判所の扱いが異なることがあります。すべての事故がひとつひとつ異なること、判断をする検察官と裁判官が異なること、裁判は証拠に基づいてなされ、証拠の内容がひとつひとつの事件で異なること、証拠の有無によって裁判の結論が異なることなどが影響します。

裁判は、証拠がまったくなければ、「正しい」かどうかに関係なく、請求する側が負けます。裁判は、証拠の有無によって紛争を解決する技術的な制度であり、「真実の発見」ができなくても裁判所が判断できるシステムになっています。

法律の解釈や適用は、ある種の線引き作業です。たとえば、過失があるかないかが微妙な事故では、どこかに線を引いて「過失あり」と「過失なし」を区別します。過失の有無の目印は目に見えるものではなく、人間が頭で考えて、人間の行動のどこかに線を引いて過失の有無を区分します。裁判は、色濃度の連続する灰色のどこかに線を引いて、黒と白に分ける作業に似ており、過失の有無が微妙なケースでは、裁判官によって判断が異なります。

人間の不注意は「あるか、ないか」ではなく、ゼロから一〇〇までさまざまな程度があり、どの程度の不注意であれば、法的な過失として評価するのかが裁判で判断されます。この判断はある種の価値判断です。法律は社会を円滑に成り立たせるためのルールであり、法律の内容、解釈、運用は社会的な価値観の影響を受け、裁判所の判断は世論の影響を受けます。

多くの人は責任の有無を「悪いことをしたかどうか」で判断しがちですが、「悪いこと」をしなくても、法的責任が生じる場合があります。遊歩道の管理者は法律に基づいて営造物責任や工作物責任を負いますが、これは無過失責任であり、「悪いこと」をしなくても損害賠償責任が生じます。

裁判所の判断は、それが正しいかどうかに関係なく、法律に縛られ、法律の内容を決めるのは国会です。法律の内容が常に正しいと考えるのは幻想です。裁判は証拠に基づいて行なわれますが、証拠の判断が裁判官によって異なり、仮に裁判官が判断ミスをしても、それを検証できないことが多いのです。この点が自然科学と異なる点です。

法律の内容や裁判所の判断の是非をめぐる議論は必要ですが、そのことと、法律や裁判所が示す基準を知ったうえで行動することは別のことです。法的なリスクに対処するには、ある種の「割り切り」が必要です。

リスクの回避

自主登山でも引率登山でも事故のリスクを回避することが重要ですが、自然がもたらすリスクを完全に把握し、自分がそれに対処できるかどうかを判断することは容易でありません。登山ではしばしば想定外のことが起きます。たとえば、自分やパーティのメンバーが突然の体調不良を起こしたりバテたり、登山道が予想外に荒れて雑草が生い茂り、迷いやすくなっていることがあります。悪天候を想定していても、悪天候の程度が想定の範囲を超え、「まさかあれほどの悪天候になるとは思わなかった」という場合があります。いつも二〇キロくらいの荷物を背負って長時間歩いても平気な登山者でも、体調が悪ければ数時間歩いただけで動けなくなることがあります。「おかしい。こんなはずではない」と考えるかもしれませんが、自分の体調の予測は難しいのです。特に、中高年登山者にこの点が当てはまります。

また、自然界は、数十年、数百年単位で変動するので、二〇~三〇年程度の登山経験が通用しないことがあります。たとえば、数十年に一度の頻度で生じる山の大崩落があります。以前、穂高岳の屏風岩のルンゼ（岩溝）で大崩落による事故がありましたが、数十年に一度の頻度で起きるのかもしれません。富士山では数百年の間隔で大噴火をする可能性があり、いつかは噴火するといわれています。ヒマラヤなどでは、数十年、数百年間隔で大崩落する場所があります。ヒマラヤでの登山の際、私たちの登山ルートの傍らのルンゼが目の前で大崩落し、数百メートルに達する爆風を見たことがあります。もしそのルンゼ付近に人がいれば、一瞬にして吹き飛ばされたでしょう。おそらくこのルンゼは数十年に一度くらいの頻度で崩落するのかもしれず、自然がもたらす巨大なエネルギーの前で人間の無力さを感じるほかありませんでした。最近は「数十年に一度の大雨」が毎年日本のどこかで生じるという異常気象があり、地球の温暖化が多くの異変をもたらしています。したがって、「今まで冬に何度も登ったが大丈夫だった」という経験は、自然の長いサイクルの中では取るに足りない経験でしかありません。

自然界は、何が起きるかわからない世界です。古代人はそのことを知っており、自然をひどく恐れたのですが、文明が発展して人工的な都会文化が人間社会を支配し、現代人は「こうすれば、ああなる」環境に慣れています。登山は、それが通用しないリスクのある自然界に分け入る行動であることを知る必要があります。

自然物である人間は、しばしば想定に反してミスを犯します。通常、登山の計画は登山者が合理的な行動をすることを前提に立てられます。しかし、人間はしばしばミスを犯し、想定外の不合理な行動をとり、そういう場合に事故が起きます。登山者は予想外のなんでもない場所で転倒することがあり、自分がいつ、どこで転倒するかはわかりません。標識を見落として道迷いをすることは合理的な考え方では説明がつきませんが、その種のミスはしばしばあります。通常、このようなミスを犯す前提で登山計画を立てる人はいませんが、「誰でもミスを犯す」ことを想定しておくことが必要です。たとえミスを犯したとしても致命的な事態を避けることが必要です。人

雪渓には崩壊などのリスクがあるように、
自然界にはさまざまなリスクが潜む

間がミスを犯しやすい不合理な存在であることが、登山のリスクマネジメントの出発点になります。

引率登山ではリスクに対する考え方が自主登山の場合と根本的に異なり、引率者のリスク回避力が非常に重要な役割を果たします。技術、経験、体力などの登山の能力とリスクを回避する能力は別です。優秀な登山家が優秀な山岳ガイドであるとは限りません。事故のリスク回避のためには、それに応じた経験、技術が必要です。引率者のリスクを回避する能力を高めることは重要ですが、自然がもたらすリスクはしばしば人間の想像力を超えることがあり、誰でもミスを犯します。したがって、人間のリスク回避力に限界があることを自覚し、最初から引率登山のリスクを低いものにしておくことが必要です。ツアー登山では、登山内容に余裕があれば、想定外のことが起きても対処可能です。二〇〇九年にトムラウシ山でツアー登山中に悪天候のために八人が死亡した事故の場合、ツアーに予備日があれば避難小屋で停滞するという判断をしやすかったでしょう。あるいはツアー参加者の数が六人程度であれば、途中でテントを張ることが可能だったでしょう。しかし、ツアー客の数が一五人もいれば、全員が幕営できるだけの数のテントを携行し、テントサイトを見つけることが難しくなります。ツアー登山では、客の要望に応じて登山内容を充実させればさせるほど事故のリスクが高くなりがちです。消費者の欲求には際限がなく、製品の製造分野では消費者の欲求に応えることは大切ですが、登山では限界があります。消費者の際限のない欲求や事業者間のサービス競争に歯止めをかけるものは、事故の場合に生じる法的責任のリスクです。

無雪期の山歩きをする人は、「登山はそれほど危険ではない」と考える傾向があります。尾瀬を歩くハイカーに登山の危険性の説明をしても、違和感を抱く人が多いでしょう。無雪期の山歩きは冬山登山や岩登りに比べれば一般的な危険性が低いのは確かであり、遭難の確率は高くはありません。しかし、無雪期の山歩きでも多くの事故が起きており、事故に遭う人にとって「山歩きは危険性が高くない」と言うことは無意味です。事故のリスクは人によって違うのであって、遭難する人にとって遭難するリスクは高いのです。

自然災害に関して、ほかの地域で自然災害が起きても、自分が住んでいる地域では自然災害は起きないだろうと楽観的に考える傾向が指摘されています。山岳事故についても、他人が遭難しても他人事として考える傾向があります。二〇〇九年のトムラウシ山での事故について、「あの事故はガイドの不注意から起きたのだ」と考える人がいますが、それだけでは自分に関わる事故の防止の役に立ちません。自分がその場にいたとすればどのように行動したかを考えることが、自分が事故に遭わないために役立ちます。いろんな場面を想像し、自分に当てはめて考えることが役に立ちます。

道迷い遭難を防ぐためには、過去に道迷いをしかけた「ヒヤリ、ハット」経験をした時に、「なぜそこで間違えかけたのか」を考えることが役に立ちます。ある出来事が「ヒヤリ、ハット」にとどまるか重大な事故になるかは、運、不運の違いであることが多いのです。

通常道迷いをするのは、それなりの理由があります。登山道が直角に曲がっているのに、直進方向に間違った踏み跡がついている場合、登山道が沢、ガレ場、岩場、雪渓を横断する箇所、登山道以外の獣道や作業用の道などが交差する場合、登山道が藪で覆われている場合、標識の見えにくい箇所、まばらな樹林帯、もしくは、草原状でどこでも歩けそうな場所、岩盤になっているために踏み跡が残らない場所などで迷いやすいのですが、それらを自分の目で見て経験することが役に立ちます。

自分が道迷いをしかけた場合だけでなく、「どこで道迷いをしやすいのか」という視点で登山道を観察しながら歩けば、登山道のいたるところに「間違いやすい箇所」が見えてきます。写真Aは涸れた沢が登山道のように見え、間違いやすくなっています。登山道を示すリボンがありますが、それだけではよくわかりません。間違いやすい方向に進入しないようにロープが張ってあり、天気がよければ間違える人はほとんどいないと思いますが、夕方などにあせっていればロープに気づかない可能性があります。

登山道での転倒、転落、滑落事故を防ぐ点についても、常に「どこで転倒、転落、滑落しやすいか」を考えながら歩けば、事故の防止に役立ちます。濡れた岩は形状の微妙な違いによって滑りやすくなります。登山道を歩く場合に、常に「もし上から落石があったらどうするか」を考えること

写真Ａ　道迷いしやすい箇所（苗場山）

が、落石事故の防止につながります。天気のよい日でも、「もし悪天候の日にここを歩くとすれば、どうなるだろうか」と考えることは、悪天候時に別の似たような山で登山をする場合に役立ちます。写真Ｂは登山道が沢を横切っているのですが、この日は雨が降って沢が増水して登山道がわかりにくくなっていました。増水した沢は、「まさか、こんな場所をハイキングコースが横切るとは思えない」印象を与えます。

登山のさまざまな場面を想像してリスクを考えることが、登山のリスクマネジメントの応用力を高めるのですが、このように言うと、「そこまでしなければ登山ができないのですか」と言う人がいます。そんなことはありません。前に述べたように、登山は、ハイキングから冬山登山まで含み、レジャーとしての登山から冒険的登山までさまざまです。遊歩道ではリスクについて考えなくても事故はほとんど起きず、整備された登山道では、初心者でもほとんど事故は起きません。しかし、そのような場所でも天候などの条件が悪く、不運が重なれば事故が起きることがあります。整備された登山道でも、雨で道がぬかるんだ時に転倒事故が起きやすく、濡れた岩稜で転落事故が起きやすくなります。それが引率登山であれば、引率者に法的責任が生じることがあります。事故は運の悪い

写真Ｂ　沢を横切る登山道（栗駒山）

場合に起きるのであって、通常は（運の悪い場合を除くという意味です）リスクについて考えなくても事故が起きませんが、運の悪い場合に備えたリスクマネジメントが必要です。

自主登山では登山者の力に合った登山をし、引率登山ではリスクの低い登山内容にすることが事故を回避するために必要です。リスクを知ることは不安をもたらしますが、不安を感じることがリスクに気づくきっかけになります。これは、自動車の運転中に事故の不安を感じることが、事故の回避につながることがあるのと同じです。

無理をしないこと

事故を起こす人は、一〇年以上登山経験のある人が突出して多いというデータがあり（山本正嘉『登山の運動生理学とトレーニング学』東京新聞）、経験のあることが過信となり、無理な行動につながりやすい傾向があるようです。登山で自分の力を最大限に発揮しようとすると、無理をしがちです。

写真Aは、大峰山の弥山川ルートにある長いハシゴで、急峻な崖にハシゴをかけて安全化しているので条件さえよければ事故はめったに起きないでしょう。しかし、長いハシゴをバテた登山者が荷物を背負って登降すれば、転落の危険が高くなります。

写真Ｂ　ハイキングコースでも整備されなければ危険箇所となる

写真Ａ　長いハシゴ（弥山川）

写真Bは、ハイキングコースに、突然出現した危険箇所です。このコースは以前はかなり整備された登山道だったと思われますが、大雨などのために登山道のあちこちに危険箇所が出現したのだと思います。子どもを連れてハイキングのつもりで歩くと、想定外のリスクに遭遇し、無理をしがちです。

写真Cは、以前は歩きやすい初心者向きのハイキングコースであり、私は小さい子どもを連れて歩いたことがありますが、数年後に歩くと標識が朽ちて倒れ、分岐点がわかりにくく、迷いやすくなっていました。このようなコースでは、初心者は経験者と一緒に行動する必要があります。

かなり前のことですが、知人らと沢登りに行き、沢を登り終えて稜線にある登山道に出た後で、登山道を離れて隣の別のやさしい沢を下降したことがあります。沢の下降開始前にすでに午後の遅い時間だったので、登山道のない沢を下降することは「時間的に無理をする」ことがわかっていました。しかし、当時の私は「明るい間に下山するのは時間がもったいない」と考えており、ヘッドランプをつけて下山することが多く、この時も下山途中で日が暮れてヘッドランプを使用することを予定していました。

ところが、下降する沢を間違えてしまい、二〇〇メートルくらい下降して地図を見てそれに気づきました。「ルートを間違えた場合には、もとの場所に戻る」「沢を下降しない」というのが原則ですが、この時は地図と磁石で現在地がわかったので、もとの登山道に戻ることはせず、尾根を越えてめざしている沢に向かいました。ところが、その途中でマムシにかまれるというアクシデントが起きました。ルートを間違えて下山を急いでいたために、マムシに対する注意がおろそかになっていました。マムシの毒が回らないうちに急いで下山する必要があったのですが、私以外のメンバーがヘッドランプをつけて沢を下山するのに不慣れなために、下山に非常に時間がかかりました。しだいににマムシの毒が回り、下山途中で視野が狭くなり（蛇毒による視野狭窄）、まっすぐに歩けない状態になりながら（蛇毒による平衡感覚の喪失）、ようやく下山して病院にたどりついたのは、マムシにかまれて五時間後の午後一〇時ごろでした。医師から「なぜもっと早く病院に来なかったのか」と叱られました。「しかし、沢登りで……」と言いかけて、理解してもらえないと

写真C　標識のない分岐点

感じて説明を諦めました。もし沢の中でビバークしていればマムシの毒が全身に回り、どうなったかわかりません。二週間の入院ですんだことは幸運でした。

この登山では、時間が遅かったにもかかわらず、沢を下降しようとした点で無理をしています。この時は、「下降する沢を間違える」「マムシにかまれる」「ほかのメンバーの行動に時間がかかりすぎた」などの点が想定外でした。何よりも、沢登りの初心者を連れたパーティではアクシデントに対処できないのに、「登山の内容を欲張りすぎた」点が最大の反省点です。稜線から登山道を歩いて下山することは私には物足りなかったのですが、それが「無理をしない」行動でした。

一般に、中高年登山者は短期間に多くの成果を上げようとして、無理をする傾向があります。ある中高年登山者は、「自分には後がない」と言っていましたが、これは人生の残り時間が限られているという意味のようです。山岳会などに入って登山の経験を積むやり方は時間のかかる方法であり、自分の登りたい山に登るには拘束があります。自分の登りたい山に登るには、単独登山が簡単で手軽です。日本百名山を仲間と一緒に踏破しようとすると、仲間の仕事や休暇の関係があって簡単にはいきません。そのため、どうしても単独登山が増える傾向がありますが、単独登山は手軽な反面、無理をしやすいのです。

だれでも自分が簡単にできないことに憧れる傾向があり、憧れの山やルートを登ろうとして無理をしがちです。これが、登山者と登山のミスマッチをもたらし、事故につながります。これもかなり前のことですが、ある程度の登山経験のある六〇代の知人が槍ヶ岳の北鎌尾根に憧れ、一人で北鎌尾根を登りに行き、途中で断念して引き返したことがありました。私はこの話を聞いて、「それなら一緒に行きましょう」と申し出て、何度かゲレンデの岩場や沢で練習をした後、一緒に北鎌尾根を登りました。それでも、登山の途中でその人が危うく転落しかけ、斜面からロープで引き上げる場面がありました。もしその人が単独で北鎌尾根に挑戦していれば、運がよければ登ることができたかもしれませんが、遭難する可能性もかなりあったと思います。

自主登山では登山に伴うリスクは参加者の自己責任ですが、無理をしないことが自分の命を守ることになります。引率登山では登山の対象をリスクの低い内容にし、無理をしないことが法的責任のリスクを回避することになります。

槍ヶ岳北鎌尾根。登山者憧れのルートだが、岩登りの経験や体力が求められる

リスクの説明・表示

引率登山では、参加者にリスクを説明することが必要です。登山のリスクを説明すれば、参加者

が自分の行動に注意し、事故を防止することを期待できます。たとえば、ツアー登山で事前にツアー参加者に登山道にある危険箇所や天候が急変する可能性、落雷や低体温症の危険、熱中症の危険、過去の事故事例などを説明することが、事故の防止に役立つことがあります。

しかし、このような説明をしたからといって、ツアーガイドの注意義務が軽減されるわけではありません。ツアー登山であらかじめ天候が急変する危険性を説明したとしても、悪天候のために遭難すれば、ツアーガイドの注意義務違反が認められることが多いでしょう。小学校の遠足登山で、学校が保護者に遠足登山のリスクを説明することはナンセンスです。

登山にはさまざまなリスクがあり、どの程度までリスクを説明するかという問題があります。火山での登山には噴火のリスクがありますが、火山を登るツアー登山で「噴火のリスク」を説明することはほとんどしないでしょう。富士山を登るツアー登山でも、「富士山の噴火の可能性」を説明することはしないでしょう。従来、御嶽山でのツアー登山や学校登山で「噴火のリスク」を説明することはしなかったと思われますが、二〇一四年のような噴火事故が起きます。もしこの時、ツアー登山や学校登山が実施されていれば、「噴火は予見可能だった」として、被害者からツアー会社や学校に対して損害賠償請求がなされたはずです。

ツアー登山などの営利的な引率登山では、リスクを説明すれば客が減るので、リスクを説明しない傾向があります。たとえリスクを説明したとしても、ツアー業者やガイドが得られるメリットはそれほど大きなものではありません。どこまでリスクを説明するかは、その登山を円滑に遂行するうえで「必要な範囲」にとどめれば足ります。登山参加者が当然知っていることを、すべて説明することは時間と労力の無駄です。ツアー登山や学校登山の対象をリスクの少ない山やコースにすれば、説明すべき登山のリスクはほとんどないでしょう。クライミングや冬山などを対象とするガイド登山では、登山のリスクの説明がなくても、参加者は当然にリスクを知っておくべきです。

消費者が知らない重要な事項については、ツアーガイドやインストラクターに法的な説明義務が課されることがあります。たとえばヒマラヤでのトレッキングでは、高度障害や降雪、落石などのおそれがあり、ツアーの主催者は、そのようなリスクを説明すべき義務があります。発展途上国の山岳地帯では道路事情が悪く、自動車の落石事故、パンク事故、転落事故などのリスクがあり、これらを説明すべきです。法的な説明義務がある事柄について、説明を怠ると慰藉料の支払い義務が生じる場合がありますが、説明義務違反の慰藉料の金額は大きなものではありません。「登山のリスクの説明を受けていれば、ツアーに参加しなかった」という場合は別ですが、そのような登山者はまれでしょう。

登山道の危険箇所にどこまで危険表示をすべきかという問題があります。一般に日本では、登山道の危険性の表示が重視されない傾向がありますが、登山道には事故のリスクがあるので、その表示が必要です。この表示によって登山者は自分に合った登山道を選択することが可能になります。

遊歩道では危険な箇所をなくすことが要求され、危険表示をしても、事故が起きれば裁判所は危険表示を重視しない傾向があります。遊歩道に落石の危険性の表示をしていても、裁判所がその表示を考慮せず、安全管理義務違反を認定したケースがあります。

アメリカでは、危険性の表示の有無やその内容、方法が、施設の安全管理責任の有無を判断する重要な要素になっており、この点で日本と異なります。アメリカなどで国立公園などを訪れ、そこに危険性の表示があれば、それは形だけのものではなく、法的に重要な意味を持っていることを知っておく必要があります。

登山道の危険性の表示は、登山者が自分にふさわしいコースを選択し、事故を防ぐために重要な役割を果たします。欧米では、登山道の入り口に、登山道のレベルを表示する国が多いようです。写真Aは、ニュージーランドの初級者用のトレイルの表示ですが、落石の危険のある範囲を、数百メートル単位で詳細に表示しています。

日本では、もともと登山道がグレード別に整備されていないうえに、登山道の入り口にその点の表示のないのが通常です。また、日本の登山道はやさしいハイキング道に突然危険箇所が出現したり、整備された登山道が途中から荒れているなど、「だまし討ち」のような登山道

写真Ａ　外国の登山道の危険表示

があるので、注意が必要です。登山者の少ない低山では、登山道を整備するボランティアも少なく、登ってみなければ道の状態がわからない場合があります。登山コースの最新の情報が得られない場合には、初心者は単独登山をすべきではなく、経験者も無理をしないことが必要です。

損害賠償責任保険

事故を起こさないように注意していても事故が起きることがあります。それに備えるのが損害賠償責任保険です。損害賠償責任保険は、事故が起きて損害賠償責任を負担する場合に、損害賠償金が保険から支払われる制度です。自動車事故に備えて加入する自動車保険も損害賠償責任保険の一種です。

山岳事故に関して損害賠償責任が生じるのは、ツアー登山、ガイド登山、学校登山、講習会などであり、このような登山では損害賠償責任保険が重要な意味を持ちます。

損害賠償責任保険の一つに、個人賠償責任保険があります。街中では個人賠償責任保険の適用場面として、自転車事故（自動車事故は個人賠償責任保険の適用外）や、子どもの過失事故（子ども同士のけんかやイジメは故意行為なので適用外）などが考えられます。個人賠償責任保険は、ツアー登山、ガイド登山、学校登山のように事業として行なう登山には、適用されません。ここでいう「事業」は仕事に限らず、継続的な活動をさし、有償無償を問いません。ボランティア団体の継続的な活動も、個人賠償責任保険の対象になりません。個人賠償責任保険は、あくまで個人的な行動に適用される保険です。これが適用されるのは、登山中に他人のテントをうっかりアイゼンで踏んで破損した場合、うっかり山小屋の備品を壊した場合、人工壁やゲレンデでのクライミング中の事故で過失が認定される場合などです。他人から預かっている用具を壊した場合は、個人賠償責任保険の適用から除外されています。

なお、山を歩いているときに落石を起こし、その落石がほかの登山者に当たってケガをさせた場合も個人賠償責任保険の対象になります。落石によって損害賠償責任が生じる場合には、個人賠償責任保険で賠償責任をカバーできますが、損害賠償責任が生じるかどうかは状況によって異なります。たとえば、落石の生じやすいガレ場のある登山道で、下に多くの登山者がいることがわかっていながら不用意に落石を起こして他人にケガをさせれば、損害賠償責任が生じる可能性があります。このような場所では登山者は落石を起こさないように注意して歩くことが求められるからです。ただし、落石が発生しやすい場所を歩く登山者は、上からの落石を予想すべき面があり（登山道でもヘルメットが役に立ちます）、落石を受けた人も注意が足りなかったとみなされて、過失相殺により損害賠償額が減額されることが多いでしょう。一方で、上から落ちてきた石を避けようとして自分の足元で落石を起こした場合や、通常の登山行動をしていて落石が生じた場合などは、過失が認

められないことが多いでしょう

ツアー登山、ガイド登山、学校登山、講習会などでは、個人賠償責任保険ではなく、これらに適用される特別な損害賠償責任保険に加入する必要があります。山岳ガイドなどは業務用の特別な賠償責任保険に加入するのが一般的です（個人賠償責任保険よりも保険料が高い）。さまざまな職業で、その職種に適用される損害賠償責任保険が各業界ごとに用意されています。各業種ごとに事故率が異なり、業種ごとに保険料が異なります。「事業」と無関係の場面で適用される個人賠償責任保険は、事故率が低いので保険料が安いのですが、適用場面が限られます。

学校登山で事故が起きても、公立学校の教師は、原則として損害賠償責任を免除されるので（国家賠償法により、自治体が損害賠償責任を負います）、賠償責任保険に加入する意味がありません。私立学校の教師は損害賠償責任を負う可能性がありますが、仕事中の事故には個人賠償責任保険の適用がありません。教師が仕事を離れて登山をする場合には個人賠償責任保険の対象になりますが、その場合には職務上の注意義務がないので、損害賠償責任が生じる場面がほとんどないでしょう。

山岳団体が主催する講習会はボランティア活動の一種ですが、継続性のある活動として「事業」とみなされる可能性があり、個人賠償責任保険の適用があるかどうか明確ではありません。これは裁判例、実務例がないためです。子ども会の活動も継続性がありますが、子ども会で実施するハイキングは通常は一回限りの活動なので、個人賠償責任保険の適用があると思われます。山岳連盟などの継続的な活動は個人賠償責任保険が適用されない可能性があるので、団体活動などに適用される業務用の賠償責任保険に加入しておいたほうが賢明です。

日本では多くのスポーツ団体や組織が事故が起きるリスクをまったく想定しないことが多く、事故が起きると大混乱します。体育協会が賠償責任保険に加入していなかったために、事故の損害賠償金を捻出するために解散して財産を清算したケースがあります。

山岳保険

一般に山岳保険と呼ばれる保険は、遭難時の捜索救助費用等を保険でカバーする保険です。これに傷害保険や個人賠償責任保険が付帯していることが多いようです。前記のように、公的な捜索救助活動は無料ですが（ただし埼玉県の防災ヘリは有料）、大規模な捜索を行なうには消防、警察だけでなく民間人の手を借りなければならない場合があり、民間人の活動は有料です。友人による捜索は、通常は日当は不要でも、宿泊費や交通費などがかかります。民間のヘリコプターに依頼すると一時間に何十万円も費用がかかります。これらの経費を山岳保険がカバーしてくれますが、支給額の上限があります。

山岳保険の種類として、ピッケル、アイゼン、ロープなどを使用する登山に適用されない保険

（「ハイキングコース」などと呼ばれます）と、これらに適用される保険（「登山コース」などと呼ばれます）があります。そのほか、トレイルランニングやスポーツクライミング用の保険もあります。しかし、ピッケル、アイゼン、ロープなどを使用するかどうかは、個人差が大きく、客観的な基準がないので、「ピッケル、アイゼン、ロープ等を使用する登山」の意味があいまいです。

雪渓、岩稜、やさしい沢、残雪や新雪のある低山での登山が「ピッケル、アイゼン、ロープ等を使用する登山」に当たるのかどうか、問題が生じます。したがって、できるだけ適用範囲の広い山岳保険に加入しておくべきです。

すでに述べたように、そもそも「登山」の定義が難しく、観光、旅行、釣り、川遊び、キャンプが山岳保険の対象になるのかどうか、山間部の川原でキャンプをした人が増水した川に流された場合に、山岳保険の適用があるのかどうかなどの点があいまいであり、個々の行動ごとに保険会社に問い合わせる必要があります。

なお、海岸の岩壁でのクライミングや人工壁でのクライミングは山岳保険の対象になっています。

まとめ

山岳事故が起きるとマスコミが大きく取り上げ、「山岳事故が多発している」という報道がなされますが、登山者が数百万人いる中で一年間の遭難件数は二四九五件であり（二〇一六年）、事故の確率は高くはありません。「多いか少ないか」は比較の仕方次第であり、「山岳事故が多発している」という表現には、登山者に注意を喚起するための政策的な意味もあります。しかし、一般的な事故の確率が高いかどうかに関係なく、事故に遭う人は事故の確率が高いのです。

「危険な登山をするから事故に遭う」と考える人が多いのですが、そうではありません。冬山登山、岩登り、ヒマラヤ登山などを長い間行なっても事故に遭わない人がいます。他方で、それほど難しい登山をしているわけではなく、登山回数も少ないのに遭難する人がいます。低山のハイキングコースでの道迷い遭難や転落事故がその例です。

また、「不注意だから事故が起きる」と考える人が多いのですが、「注意すべきである」と言うだけでは事故はなくならないでしょう。人間のミスはさまざまな経過の結果として生じるのであって、それに至った原因が重要です。登山がもたらすリスクをコントロールできれば、困難な登山でもミスを犯しにくく、それができなければやさしい山でもミスを犯して事故が起きやすくなります。しかし、自然がもたらすリスクを完全に把握するのは無理であり、人間はミスを犯しやすいので、リスクをコントロールすることは簡単なことではありません。そこで、リスクを完全にコントロールすることをめざすのではなく、無理をしないことで事故のリスクを減らすことが賢明な方法になります。

だれでも、願望、感情、利害、義務感、しがらみなどから無理をしがちです。山頂を目前にして、あと三〇分で登頂できると考えて無理をして遭難することがあります。これは、ヒマラヤ登山でしばしば生じる遭難のパターーンです。三〇分という時間は短いようですが、雪崩や落石事故では数秒間の行動の違いが生死を分けることがあります。転落や滑落が生じるのは一瞬です。自然災害や交通事故でも、数秒の行動の差が生死を分ける場面がたくさんあります。無理をしない判断をするには経験が必要であり、初心者は無理をしないつもりでも無理をしてしまいます。そのため初心者の単独登山は危険です。

日本人は「がんばる」という言葉が好きであり、登山には「がんばる」イメージがあるようです。私は何度かヒマラヤで登山をしたことがありますが、その度に教育関係者や刑務所、少年院などの矯正施設関係者から「よくがんばられましたね」と言われました。私はヒマラヤ登山を楽しんだだけであって、がんばったつもりはまったくないので、「え？　僕はそんなにがんばったんですか」と他人事のように感じました。冬の厳しい岩壁登攀を行なうクライマーや国民栄誉賞を受賞した冒険家の植村直己なども、登山や冒険のどこかにその過程を「楽しむ」感覚があるはずです。「がんばる」という言葉は、困難に耐えて努力するという意味であり（この言葉が持つ微妙なニュアンスは外国語に翻訳しにくいといわれています）、登山でがんばることが無理な行動につながることがあります。体力のない登山者ががんばりすぎると、疲労から転倒、転落、心疾患、熱中症などになりやすくなります。

　ガイドブックなどに登山道のコースタイムの記載がありますが、コースタイムどおりに登らないと「人並み以下」に感じる人がいるようです。逆に、コースタイムの半分の時間で歩いたことを自慢する人もいます。「コースタイムどおりに登ることができない人は登るべきではない」などと難しいことを言う登山家がいますが、私は、コースタイムの二倍の時間がかかっても、事故さえ起きなければ何も問題はないと思います。問題は、その登山者がどこを登るかという点です。高山の稜線では、「登山のスピード＝安全性」であり、迅速に行動できない登山者はリスクが高くなります。しかし、低山の樹林帯などでは、コースタイム三時間のコースを六時間で歩いても何も問題はありません。ニュージーランドのミルフォードトラックで、登山の途中で日光浴や湖で水浴びをする欧米人を見て、私は「登山に対する考え方だけでなく、生き方そのものが日本人とはどこか違うようだ」と感じました。多くの日本人は、「ミルフォードトラックを歩くことは登山ではない」と考えるかもしれません。どちらの考え方がよいかという問題ではなく、どちらの考え方をするかは個人の自由だということです。「登山は〇〇でなければならない」と考えると、無理をしがちです。

　登山では、それほどがんばることなくある程度のところで諦めて撤退することが賢明な場面が少なくありません。登山は「駄目な場合」にはどんなにがんばってもうまくいかないので、いさぎよく方針転換、方向転換、断念することが自分の命を守ることにつながります。

山岳事故を防ぐために技術、経験、体力を身につけ、リスク回避力を養うことは大切なことですが、それ以上に登山者のレベルに合った登山をすることが重要です。それを超える登山をすれば、どんな熟練者でも遭難のリスクが高くなります。経験豊富な登山家が五〇代、六〇代で遭難するケースが少なくありませんが、年齢とともに確実に体力やバランス、抵抗力などが低下するので、若い頃と同じ登山を続ければ登山との間にミスマッチが生じます。自主登山でも引率登山でも、登山者のレベルに合った余裕のある登山をすることが、事故のリスクを回避することになります。

法律的なリスクについては、登山をする前に、法律的な観点から対処しておくことが重要です。自主登山と引率登山を区別し、どのような注意義務が生じるかを検討すること、起こりうるさまざまな事態を想定し、それへの対処方法を検討すること、登山に伴うリスクをコントロールできるかどうかを検討することなどが必要です。

登山はそのリスクと達成感が密接に結びついており、個人の自己実現の欲求や教育的効果、経済的効果などの追求のために無理をしがちです。ひとたび登山がもたらす達成感を味わった人は、さらに達成感を求めてリスクを冒す傾向があります。自主登山では、どの程度のリスクを冒すかは自己責任ですが、リスクの程度を知らずにリスクを冒すことは、自分の命運を自己決定できないという不幸をもたらします。登山の達成感の追求には際限がなく、それに歯止めをかけるものは、自主登山では自分の命を守る動物的本能と人間の賢明な知恵であり、引率登山では法的責任のリスクです。

参考文献

畠山武道『自然保護法講義』（第2版）二〇〇四・北海道大学出版会
長野県弁護士会『自然をめぐる紛争と法律実務』二〇一五・ぎょうせい
加藤峰夫『国立公園の法と制度』二〇〇八・古今書院
加藤峰夫『目的地は国立公園』二〇〇一・信山社
寶金敏明『里道・水路・海浜』（4訂版）二〇〇九・ぎょうせい
加藤則芳『日本の国立公園』二〇〇〇・平凡社新書
平松紘『ウォーキング大国　イギリス』二〇〇二・明石書店
平松紘『イギリス　緑の庶民物語』一九九九・明石書店
市村操一『誰も知らなかった英国流ウォーキングの秘密』二〇〇〇・山と溪谷社
小磯修二ほか『コモンズ　地域の再生と創造』二〇一四・北海道大学出版会
久松弥生『アメリカの国立公園法』二〇一一・北海道大学出版会
上岡克己『アメリカの国立公園』二〇〇二・築地書館
鈴木渉『留学先は国立公園！』二〇一七・ゴマブックス
辻次郎「登山事故の法的責任」一九九九・判例タイムズ九九七号、九九八号・判例タイムズ社
佐々木正人『旅行の法律学』（新版）二〇〇〇・日本評論社
丸山富夫『救急活動と法律問題 上巻』二〇〇九・東京法令出版
伊藤進・織田博子『実務判例　解説学校事故』一九九二・三省堂
青山千彰『山岳遭難の構図』二〇〇七・東京新聞出版局
村越真『子どもたちには危険がいっぱい』二〇〇二・山と溪谷社
村越真ほか『山のリスクと向き合うために』二〇一五・東京新聞
溝手康史『登山の法律学』二〇〇七・東京新聞出版局
溝手康史『山岳事故の法的責任』二〇一五・ブイツーソリューション
山本正嘉『登山の運動生理学とトレーニング学』二〇一六・東京新聞
羽根田治『ドキュメント 道迷い遭難』二〇〇六・山と溪谷社
野村仁『もう道に迷わない』二〇一五・山と溪谷社
金邦夫『すぐそこにある遭難事故 奥多摩山岳救助隊員からの警鐘』二〇一五・東京新聞

あとがき

私は、四〇年くらい登山をしてきましたが、若い頃は、登山に法律は必要ないと思っていました。法律を知ったからといって山に登れるわけではないからです。しかし、登山中に生じるさまざまな法律的な問題について相談を受けることが増え、この種の問題の難しさを感じるようになりました。二〇〇七年に、登山をめぐる法律問題について、『登山の法律学』という本を出しましたが、その後、重大な山岳事故が何件も起き、裁判にもなっています。また、この間に登山をめぐる新たな法的問題や規制が生じており、一〇年前に指摘した問題がさらに多様な形で進行しつつあると感じています。

日本では、登山は法律の無関心の隙間で行なわれており、法律的には「無法行為」といえるでしょう。これは、日本の法律が登山について規制することはあっても、登山について正面から規定することがないからです。登山は、法律的には違法でも合法でもなく、「無法」なのです。この点は、登山に限らず、アウトドア活動全般に当てはまります。これは、見方を変えれば登山が簡単に制限、禁止されかねないことを意味します。日本では、登山は法律的に実にあやふやな基盤のうえで、さかんに行なわれているという奇妙な実態があります。

日本では、勉強や仕事以外の社会的生産に寄与しない分野は、軽視される傾向があり、登山もその一つです。しかし、そのような分野こそ、人間の幸福や生き甲斐につながる領域であり、それを保障することが健全な社会の発展につながります。

日本では、法律に対しマイナスのイメージを持つ人が多く、法律は融通がきかず、形式的で、「お上」が一方的に命令するものという印象を与えます。それはまったく根拠のないことではなく、現実に法律がそのように運用されてきた歴史があります。現在でも、法律はあくまでタテマエであって、法律と無関係にものごとが処理されることが多いのが現実です。

しかし、多くの先進国で、法律は皆で決めた社会のルールとして、紛争を解決するための基準になっています。また、「登山に法律を持ち込む」かどうかに関係なく、現実にさまざまな法律が存在しており、登山もその適用を受けます。従前は、法律の規定のあいまいさや気まぐれ的な運用のために、それがわかりにくかっただけです。

登山者の志向はさまざまであり、多様な登山者の欲求に対応できる社会の仕組みが必要です。そのような「登山はどうあるべきか」とは別に、「現在の仕組みはどうなっているか」を知ることが大切です。それは、自動車を運転する場合に、自動車や道路の仕組み、交通法規、保険制度、事故が起きるメカニズムなどを知っておかなければ、さまざまなトラブルや紛争、事故を招くのと同じです。

今後、登山に関する法律問題は、いっそう多くの場面で問題になります。生活環境が都会化・人工化されればされるほど人々の自然への欲求が高まり、今後、仕事を離れた自然の中でのレジャー人気がいっそう高まります。自然が単なる畏敬の対象ではなく、利用し、管理する対象になれば、法律が関係する場面が増えます。自然に対する人間の利害が増えれば、人間同士の紛争も増えます。

今後、登山を含めたアウトドア活動が生活の中の重要な部分を占めると思われます。生活環境が日本以上に都市化している欧米では、すでにこの傾向が顕著です。ドイツは世界一のアウトドア大国であり、北欧、スイス、イギリス、カナダ、ニュージーランドなどでもアウトドア活動がさかんです。アメリカはキャンプ大国です。

自然と人間の良好な関係を維持することは、人間の生き甲斐や社会全体の活力、健全な社会を構築するうえで非常に重要です。

本書は、裁判例や文献などの少ない分野を扱っているので、不十分な点が多々あると思われ、指摘してもらえれば幸いです。

最後に、本書の発行・編集で山と溪谷社の大畑貴美子さんと大竹昭仁さんにたいへんお世話になったことをお礼申し上げます。

二〇一七年十一月　溝手康史

溝手康史（みぞて　やすふみ）

1955年生まれ。東京大学法学部卒業。弁護士。国や自治体の第三者検証委員、裁判所調停委員、国立登山研修所専門調査委員、日本山岳サーチ・アンド・レスキュー研究機構理事など。登山歴として、ポベーダ（7439m）、アクタシ（7016m）、フリーガⅡ峰（カナダ・バフィン島）など。著書に『登山の法律学』（東京新聞出版局）『山岳事故の法的責任』（ブイツーソリューション）などがある。

登山者のための法律入門　YS039

2018年1月25日　初版第1刷発行

著　者　溝手康史
発行人　川崎深雪
発行所　株式会社　山と溪谷社
〒101-0051
東京都千代田区神田神保町1丁目105番地
http://www.yamakei.co.jp/
■乱丁・落丁のお問合せ先
山と溪谷社自動応答サービス　電話03-6837-5018
受付時間／10時～12時、13時～17時30分
（土日、祝祭日を除く）
■内容に関するお問合せ先
山と溪谷社　電話03-6744-1900（代表）
■書店・取次様からのお問合せ先
山と溪谷社受注センター　電話03-6744-1919
ファクス03-6744-1927

印刷・製本　図書印刷株式会社

定価はカバーに表示してあります

Printed in Japan ISBN978-4-635-51048-6

山の世界を、より豊かに楽しむ――**ヤマケイ新書**